Maria M. Beyer

## JETZT...
haben Sie Ihr Programm »Power Line« gestartet.
## Lesen Sie ruhig weiter.

*Maria Beyer*

Maria M. Beyer

# POWER LINE

Fit for Power
oder
die feine ART der Selbst-Creation

Herausgegeben von
Klaus Marwitz

Junfermann Verlag • Paderborn

© Junfermannsche Verlagsbuchhandlung, Paderborn 1992
2. Auflage 1994
Cover-Gestaltung: Inga Koch

Satz: pepperMind-Team, Kiel
Druck: PDC - Paderborner Druck Centrum


CIP-Titelaufnahme der Deutschen Bibliothek
**Beyer, Maria M.:**
Power Line: Fit for Power oder die feine ART der Selbst-Creation /

Maria M. Beyer. Hrsg. von Klaus Marwitz. -
Paderborn: Junfermann, 1992
    ISBN 3-87387-077-0




ISBN 3-87387-077-0

# Inhaltsverzeichnis

# Gewidmet

voller Stolz meinen Eltern, denen es ... irgendwie
gelang - und auch jetzt noch gelingt -
mir so viel Sinnesfähigkeit und Lebensfreude
zu vermitteln!

Als ein Geschenk an
Klaus!
Zum großen Teil entwickelten wir die Konzepte
des **Power Lining** zusammen
in unseren Seminaren.

Thanks to Vanda North & Tony Buzan who believed in
me and gave me so much
support!

Und ganz besonders
**IHNEN!**

Kiel, den 25. Februar 1992

# Vor-Teil

## der Power Line

### Vorbemerkungen

Zu den Inhalten dieses Buches gibt es noch so viel nebenbei zu sagen. Ich würde es am liebsten auch tun: über das Konzept und was ich dabei von Ihnen, liebe Leserin und Leser, und von mir erhoffe oder erwarte. Vermutlich bieten sich darüber in Gesprächen, in einer Unterhaltung oder im Rahmen eines Seminares geeignete Möglichkeiten.

Ich fasse mich kurz, damit SIE sofort und ohne weitere Verzögerungen anfangen, IHRE **Power Line**, IHR Programm für SICH zu starten.

Im Vorwege nur noch einiges „Organisatorisches": das, was Sie für einige Zeit gebrauchen, ist SICH, einen hochwertigen Künstler-Zeichenblock (DIN A-4), farbige Fineliner und was Sie bereits im Vorwege von MIR zugesprochen bekommen: die vollste Bewunderung und viel Ansporn, durchzuhalten, es zu zeigen oder zu beweisen, welch tatkräftige und dynamische Person SIE SIND!

Der Titel „**Power Line**" signalisiert, daß es sich um eine besondere Strecke mit einer besonderen Richtung derer handelt.

Das englische Wort **Power** umfaßt in diesem Sinn Motivation, Schwung, Stärke, Kraft, Elan oder Vorwärtsbewegung. Wichtig ist aber, daß das **SELBST** an vorderster Linie steht! Es ergeben sich auf dieser Power Line Fähigkeiten und Verhaltensprogramme, die folgendes in Ihnen bewirken: eine Kompetenz zur Selbstverantwortlichkeit. Darunter stehen Teilkompetenzen wie: ein unabhängiger und autonomer Umgang mit Ihrer materiellen und mentalen Realität, Potentiale für Kreativität und Neugier, Entscheidungssicherheit und physische und mentale Topness©. Auf einen großen Nenner gebracht: Power durch die eigene Sinnes-Intelligenz©!

Die guten Gefühle, die fortwährend auf Ihrer **Power Line** erweckt und erzeugt werden, nenne ich „K-plus". Es ist ein „Szene-Wort" in unseren Seminaren und bedeutet soviel wie: positive Kinästhetik - also gute Gefühle und Stimmungen. **K-plus** ist der rote Faden der **Power Line.** So tragen die Abschnitte ebenfalls den Namen **K-plus,** plus Untertitel. **K-plus** wird schnell von Ihnen mit erregter Unruhe, Erleichterung, guten Gefühlen oder neuer Lebensfreude besetzt sein; so geht das mit kernigen und peppigen Formeln!

Fragen Sie sich doch gerade einmal, was SIE in bezug auf eine solche Person schon sind, was an Ihnen alles noch sehr hinderlich, erschwerend oder belastend ist; was Sie sich von diesem Programm wünschen, bzw. was Sie alles tun werden, damit auch SIE sich zum Erfolg führen. Wie werden Sie am Ende des Programmes sein, jetzt, da Sie so am Anfang sind? Und setzen Sie Ihre Wünsche oder Erwartungen nicht zu niedrig!

Dieses Buch mit dem Titel **Power Line** ist auch ein direkter Beitrag zur praktischen Umsetzung des Themas **„Lean-Management für sich SELBST"**. Lean-Management, das bisher immer nur in großwirtschaftlichen Zusammenhängen erkannt und angewandt wird.

Hier - am Beipiel Ihrer körperlichen und vor allem geistigen SELBST-Steuerung und SELBST- Organisation - erfahren, bzw. erleben Sie konkrete und sofortige Wege, Möglichkeiten und Strategien, für sich zum Beispiel „lean" zu werden.

Zufällig paßt zum Lean-Management (lean: engl.; soviel wie: schlank, straff, auf das Wesentliche gebracht und reduziert) auch eine schlanke Figur. IHRE!!!!

Wenn Sie also - wie nebenbei - auch abnehmen möchten, Okay, fangen Sie an ...

# SOFORT!

## IHR IDEEN-POOL

# Power Line

## DAS Programm

Sie wollen anfangen, ich möchte anfangen; also ...
fangen wir an:

### Beginn=1.K-plus: Power Vision

Denken Sie bitte an Dinge:
an sich,
um sich und
mit sich,
in Ihrem Haushalt,
in Ihrem Büro,
aus dem Arbeits- oder Hobbybereich, die Sie extrem selten benutzen. Das können Dinge sein, bei denen Sie fragen: »Wie oft im Jahr benutze ich dieses Ding?« Fällt die Antwort zum Beispiel so aus: »Nun ja, 1 oder 2 mal«, dann ist es mindestens 364, bzw. 363 Mal zu wenig.

Weg damit !!!! Trennen Sie sich davon, werfen Sie es weg, verschenken Sie es - dann aber mit einer kraftvollen „Von-sich-geben-Bewegung" - oder spenden Sie es.

Bei Dingen, die Sie bereits sehr lange besitzen, so zum Beispiel Erinnerungsgegenstände aus früheren Zeiten oder Erbstücke, so überlegen Sie bitte genau:

»Wem oder was will ich mit dem Besitz dessen etwas beweisen oder belegen?« »Sind die Sachen nur für mich oder auch für andere?« Wenn für andere: »Was soll damit sichergestellt sein?« »Wie wird mein Haushalt, mein Arbeitsplatz oder mein Freizeitbereich sein, wenn ich diese Dinge oder dieses Stück nicht habe?« »Haben diese Dinge oder Stücke heute, hier und für meine baldige Zukunft, meine Vorsätze oder mein Projekt - nämlich die energiegeladene, erfolgreiche und schlanke Person - eine unterstützende Funktion oder eine wichtige Aufgabe?« »Sind diese Dinge oder ist dieses Stück ab jetzt und dann notwendig?«

Fällt Ihre Antwort auch nur in einem Teil so aus, daß Sie darauf verzichten könnten, dann tun Sie es! Geben Sie es von sich, besser noch, werfen Sie es mit einer großartigen Bewegung weit weg, bzw. stellen Sie es anderen Mitmenschen zur Verfügung, die daran vielleicht Freude haben, es gerade zu diesem Zeitpunkt in ihrem Leben brauchen oder Geld damit machen können. Wichtig ist dabei, daß Sie ganz intensiv ein **Körper**gefühl haben, daß Sie etwas **los** sind.

Zögern Sie, Dinge wegzugeben oder sich überhaupt mit dem Gedanken zu befassen, dann fragen Sie sich bei jedem Teil erneut: »Wozu brauchte ich es?« »Was habe ich dadurch gehabt, erlebt, gewonnen, an Gutem besessen oder für andere tun können?« »Wie und was sind die anderen Menschen von damals?« »Wie und worin haben sich die Dinge verändert, in ihren Komponenten, in ihrer Aufgabe in dieser Zeit: heute und jetzt?« »Sind all diese Situationen und Gründe des Besitzstandes noch aktuell und zutreffend?« »Was hat sich verändert?« »Wie und was bin ich seitdem?« »Was habe ich davon, es zu behalten?« »Was passiert, wenn ich weiterhin in diesem Umfang aufbewahre, halte, anhäufe?« »Was wird alles nicht geschehen, wenn ich zunehme an Dingen, Gewicht oder Verantwortung?«

Ihre Antworten werden Sie überraschen. Das Verhaltensprogramm, etwas zu verzögern, bzw. sich nicht entscheiden zu wollen oder zu können (in diesem konkreten Fall des Sich-Entledigens), definieren diese Menschen dann als Fähigkeit, sich „alle Türen offen zu halten" oder stets vorbereitet zu sein auf alle Eventualitäten des täglichen Lebens. Sie horten Materielles für irgendeine fiktive Gebrauchssituation. Diese „Material-Hüter" hüten auch gerne Körpermasse, Gewohnheiten oder die Zeit in Form von Realobjekten. Sie sind stark auf eine Anerkennung von seiten der Außenwelt fixiert, kaufen, beschaffen oder behalten Dinge zum großen Teil für Beweiszwecke oder schreiben zum Beispiel Ihr Tagebuch in einem Stil, der eigentlich gedacht ist für einen zukünftigen Leser und der nicht die authentische, subjektiv-ehrliche Momentaufnahme der Stimmung, Erfahrung und des Erlebnisses widerspiegelt.

Die Hüter-Typen orientieren die Lagerung, Speicherung oder Erinnerung stark an der Wirkung, die diese auf die Mitmenschen hätte. Eine Speicherung, Lagerung oder Erinnerung mentaler Art ist sehr selten vorhanden; sei es, es fehlt an mentalen Techniken oder Strategien oder das eigene Lebensprogramm verlangt nach einer Miteinbeziehung der Mitmenschen in die eigene Erlebenswelt.

Sie könnten auch in der Vision leben, stets und immer für andere da zu sein, bzw. es sein zu müssen, andere zu beglücken und übernehmen bereitwillig die Verantwortung für Geschehnisse. Sie „ziehen sich gerne jeden Schuh" an oder „nehmen viel auf sich". Sie können sich richtig ausgefüllt fühlen, wenn Ihre Schätze oder Vorräte gefordert werden.

Vorhandener Rest-Egoismus beschränkt sich weitestgehend auf den Selbst-Akt einer Überernährung, das heißt, wenn im täglichen Sein mit anderen das Gewicht auf Extern-Orientierung gelegt ist, so ergibt sich der Schwerpunkt bei sich selbst im quantitativen Zuführen von Nahrungsfülle. Dies hat dann eine ausgleichende Wirkung auf das Ego.

Menschen mit einer solchen Programmstruktur sind auf ständigen Zuwachs aus: einerseits bedeutet ihnen eine dingliche Quantität (egal welcher Sache) Sicherheit und Gewappnetsein „für alle Fälle", zum anderen erwarten sie unbewußt für sich eine ähnlich reichhaltige Versorgungsdecke. Der Begriff der Menge macht erst die Qualität aus. Sehr gerne nehmen diese Menschen für sich in Anspruch, äußerst weitsichtig, umsichtig oder weitvorausplanend zu sein, flexibel oder an alles denkend.

Es ist aber auch denkbar, daß genau das Gegenteil vorliegt: eine nur geringe Neigung zur Kreativität oder Improvisation, ein Mangel an Gelassenheit oder dem eigenen Vertrauen auf mentale und reale *Ressourcen*.

Ein anderer Aspekt, Aktionen nicht zu beginnen oder einen Anfang zu verschleppen, ist der, daß sich oft und gerne gesagt wird: »Wer weiß, was dann gerade passiert, wenn ich es nicht mehr habe!« oder »Sicher ist sicher«.

Na, kennen Sie diese Art von Aussagen oder Überlegungen? Bemerken Sie die ihnen innewohnenden Ängste, nicht reagieren zu können. Erkennen Sie das Eingeständnis einer Nicht-Flexibilität oder das starke Bedürfnis nach quantitativer Sicherheit? Die Befürchtung, quasi nackt zu sein oder nicht angemessen auf Unvorhergesehenes reagieren zu können, veranlaßt das Bewußtsein und die vielen *Instanzen des Unterbewußtseins, Programme* am Leben zu erhalten, die rund um die Uhr darauf ausgelegt sind, diese Befürchtung durch Masse am Körper, durch Masse an Gefühlen eines steten und ständigen Vorbereitetseins oder durch Masse an Vorräten oder Dingen zu zerstreuen.

Ein gutes Gefühl der Beruhigung und Zufriedenheit verschafft Ruhe und gutes Gewissen. Es verhindert im gleichen Maß andere - auch gute - Gefühle, wie Erleichterung und Unabhängigkeit von materiellen und körperlichen Massen, Unabhängigkeit von Versorgungssorgen und die große Freiheit von der Abhängigkeit von Ansprüchen der Umwelt!

Diese realen oder projizierten Erwartungen, die oftmals ein Leben lang gehütet, behalten und unverändert als Maßstab für Handlungen und Planungen genommen werden, gehören zu der Gruppe der sogenannten *Referenz- oder Aufmerksamkeitsfilter.*

Setzen Sie sich jetzt einmal für einige Zeit bequem zurück, überdenken Sie bitte die von mir genannten Aussagen und überlegen Sie genau, in welchem Maße sie auf SIE zutreffen, bzw. Ihr Leben bestimmen oder beeinflussen.

Schreiben Sie die Erwartungen auf, die an Sie gestellt werden, bzw. von denen Sie glauben, daß „man" welche an Sie stellt. Welche Ansprüche setzen Sie sich selbst? Finden Sie eventuell jetzt schon heraus, ob und welche Befürchtung, Angst oder Panik dahinterstecken könnte. Wenn Sie insbesondere hier etwas fanden: läßt sich das sprachlich und inhaltlich auf ein Wort reduzieren? Könnte ein Begriff, ein Wort oder ein Symbol - so wie ein Superzeichen - für den Prozeß stehen?

Vielleicht belassen Sie es vorerst mit Ihren neuen Erkenntnissen oder einigen „Ahas" und wenden Sie sich nun wieder den zahlreichen Wegwerf-Dingen zu.

Fragen Sie hier: »Was habe ich mir für meine Power Line fest vorgenommen, was ist mein Ziel?« »Haben die Dinge für dieses Ziel einen unterstützenden Charakter?« »Brauche ich sie, um mein Ziel zu erreichen, nämlich um schlank zu sein, um erfolgreich und mit viel Elan und Schwung **selbst**gestärkt in die Zukunft zu starten?«

»Brauche ich sie dringend mit meinem schlanken und dynamisch-energievollem Körper oder sind meine Bedürfnisse jetzt/dann andere?«

Gönnen Sie sich rein äußerlich den Akt des Sich-Trennens! Geben Sie weg! Stellen Sie sich die Freude der beschenkten Menschen vor, die die Dinge, Stücke oder Teile erhalten, sei es direkt von Ihnen persönlich oder indem Sie vom Fenster beobachten, wie jemand aus dem „Haushaltsentschlackungshaufen" vor der Tür freudestrahlend das eine oder andere Objekt entdeckt und wegträgt. Sind es Erbstücke, so fällt Ihnen vielleicht jemand aus Ihrer Familie ein, die oder der auch Freude oder eine kleine „Berechtigung" daran hätte.

**Geben Sie es JETZT, erleben Sie, wie Sie sich an der Dankbarkeit dieser Person erfreuen. Erleben Sie an und mit Ihrem Körper, wie die Bewegung des WEGGEBENS, RAUSWERFENS, SICH TRENNENS, vielleicht anfangs mit Wehmut, Trauer und Zweifel, dann aber mit Freude und ERLEICHTERUNG verbunden ist.**

Sie haben Platz erlangt für sich oder neue Sachen, die für Ihre neue Zeit adäquat sind, die Sie mit Genuß und neuem Bewußtsein kaufen werden, die um Kleidungsgrößen kleiner und sicherlich auch von einer anderen Farbigkeit oder Form geprägt sind.

Machen Sie die WEG-Bewegung übertrieben, helfen Sie nach, genießen Sie dabei auch vielleicht das Ausrufen eines :»**weg!**« »**weg!**« und Ihre Haltung dabei. Und sehen Sie sich (der weggebenden Person) dabei zu, schauen Sie von der Seite zu, so, daß die weggebende Person gut sichtbar von Ihnen beobachtet werden kann. Feuern Sie die Person an, es intensiv und machtvoll zu machen, bitten Sie sie, jede Weggebe-Bewegung mit einer tiefen Ausatmung und vielleicht sogar mit einem Ruf zu begleiten. Motivieren Sie! Schauen Sie dabei nach vorne in die Zeit. Sehen Sie dort auch schon die erleichterte, schlanke und wie neugeborene Person? Schauen Sie sich jene an. Wie sieht sie aus, das Gesicht, der Körper, die Haltung. Was trägt sie da? Die Wunschkleidung?

Und wie hört sich die Person an, wie ist die Stimme? Wie ist das Sprechtempo, die Modulation? Wie bewegt sich die Person? Was ist anders, welche Unterschiede gibt es? Und jetzt sehen Sie die Person in einem Umfeld, in dem sie sich fabelhaft macht, in dem sie eine gute Figur macht? Sehen Sie es? Können Sie die typischen Geräusche, Klänge oder Töne hören?

Und jetzt gehen Sie *mental* in diese Projektion, in dieses Bild, in diese Umgebung, nähern Sie sich der Person, treten Sie ganz nah heran, Sie können um sich herum genau die Szene überschauen und auf die Geräusche achten und **Sie** sehen alles durch Ihre Augen. Sie sehen an sich herab und bemerken Ihre Figur, Sie hören mit Ihren Ohren die Klänge der Umgebung und vor allem: Sie spüren mit **Leicht**igkeit Ihren Körper, und großes Wohlgefühl breitet sich in Ihnen aus ... . Sie erblicken vielleicht Menschen um sich herum und stellen fest, wie sie positiv und freudig erstaunt auf SIE reagieren. Hören Sie einmal hin, wie man Ihnen zu Ihrem Aussehen, Ihrer Erscheinung, Ihrem Auftreten gratuliert oder Sie daraufhin anspricht. Welches Gefühl bringt man Ihnen entgegen? Wie gibt man sich Ihnen? Und was alles erregt das **in** Ihnen ... ?

Ihre Aufgabe für heute und jetzt:

**1.** Schreiben Sie zehn bestimmte Dinge auf, die überwiegend dem *visuellen* Bereich Ihres Lebens zugeordnet sind. Das sind Dinge, die zum Beispiel Dekor-Aufgaben haben und die Sie jetzt beschließen, sofort wegzugeben, wegzuwerfen oder zu verschenken. Das können Kleidungsstücke sein, Einrichtungsgegenstände, Hausrat, Bilder, ganze Sammlungen oder Videofilme. Dahinter oder daneben vermerken Sie die Art des **Weggebens**: verschenken Sie oder werfen Sie weg? Sind es mehr als zehn, dann notieren Sie sich bitte die Namen dieser Dinge, warten Sie aber das **Weggeben** ab, es wird später „zelebriert".

- ...........................................................................
- ...........................................................................
- ...........................................................................

**2.** Schreiben Sie jetzt zehn Dinge auf, die überwiegend Ihr Ohr *(auditiv)* betreffen. Entschließen Sie sich auch hier, diese Dinge wegzugeben, und das können Platten, Kassetten, CDs oder andere Tonträger sein, oder auch Instrumente. Schreiben Sie im nächsten Schritt auf, ob oder wem Sie diese Dinge geben oder schenken wollen.

- ........................................................................
- ........................................................................
- ........................................................................

**3.** Schreiben Sie bitte zehn Dinge auf, die überwiegend dem Körper- und Bewegungsgefühl *(kinästhetisch)* Ihres Lebens zugeteilt sind: also besondere Materialien, Formen, Dinge, die sich besonders anfühlen - oder auch nicht. Stücke, die tastbare Strukturen haben oder Muster. Dinge, die Ihnen Wärme geben oder Kühle, Dinge, mit denen Sie Bewegung erleben oder Sachen, die Sie in unterschiedlichen Elementen wie Wasser, Schnee, Regen oder heißer Luft an sich und um sich haben. Vermerken Sie bitte auch hier, ob und wem und wie Sie diese Dinge **weggeben**, sich ihrer entledigen, sich quasi dadurch **entlasten**.

- ........................................................................
- ........................................................................
- ........................................................................

**4.** Schreiben Sie zehn Dinge auf, die mit Geruch *(olfaktorisch)* zu tun haben. Es sind Parfums, Körperpflegeartikel, Duftkissen (noch keine Nahrungsmittel!) oder eventuell verrauchte Gardinen. Sie wenden sich jetzt Dingen zu und ab, die vorwiegend durch Geruch oder Aroma gekennzeichnet sind oder besonders durch Duft oder Gestank auffallen. Stellen Sie bitte schnell für sich fest, wem Sie diese Dinge geben oder wie und wo diese Dinge entsorgt werden.

- .........................................................................
- .........................................................................
- .........................................................................

**5.** Schreiben Sie jetzt zehn Dinge auf, die Ihren Geschmackssinn *(gustatorisch)* betreffen. Es handelt sich um Nahrungsmittel, um Getränke oder allgemein um Eßbares. Gehen Sie in Gedanken Ihre Vorräte durch und machen Sie sich auch hier klar, welche Produkte für Ihr Jetzt und das Power Line-Projekt ohne Bedeutung sind, was Sie davon weggeben und vor allem, notieren Sie sofort daneben, wem Sie den Korb voller Eß- und Trinksachen geben werden. Bitte werfen Sie bei diesen Dingen nichts weg, es sei denn, es ist eh verdorben oder geschmacklich so bizarr, daß Sie niemanden kennen, der unmittelbar gleich darüber verfügen kann.

- .........................................................................
- .........................................................................
- .........................................................................

Gehen Sie mental, das heißt in Gedanken, zu dem Augenblick, in dem Sie die fünfzig Gegenstände, Dinge oder Teile von sich **werfen, geben, schütten** oder **weg-**

**schmeißen**. Merken Sie das besondere Gefühl der Auf-
ge**regt**heit, **spüren** Sie die **Erleichterung**, **Ballast los-
geworden** zu sein? Ja?!

Machen Sie dabei einen tiefen Atemzug und stoßen
Sie mit aller Freude und Macht die Luft aus, atmen Sie wieder ein, setzen oder stellen Sie sich dabei auf jeden Fall
aufrecht, gerade hin. Sie erleben sofort viel mehr Atemvo-
lumen und „**Powergefühl**" Richtig?! So, und während Sie
genau auf Ihr Gefühl dabei achten, auf diese ungewohnte
**Stärke**, **Kraft** und **drängende Freude** am Loslassen, da
spüren Sie genau dort hin  - an sich oder in sich - , wo Sie
dieses gute und starke Gefühl am meisten verspüren, dort
an dieser Stelle, von der Sie sagen könnten: »Ja, hier ist
es...!« »Hier habe ich **extrem freudige und lustvolle
Emotionen**!«

Spüren Sie einmal hin, sagen Sie sich den Ort in sich
oder an sich, und das kann im Brustraum sein oder im
Bauch, im Gesicht im Bereich eines lächelnden Mundes
oder der Augenpartie oder es ist eine Bewegung, die Sie
eben intuitiv vollzogen haben, ein Nicken oder das Zu-
sammenballen der Hand, oder Sie hören sich vielleicht
ein sattes »JA!!!« ausrufen.

Achten Sie einmal darauf. Wie reagieren Sie körperlich? Merken Sie sich genau die Körperstelle, an der Sie
ein entsprechendes Gefühl, Signal oder eine Empfindung
haben, als Sie die Wegwerf-Aktion mental durchleben.
*Ankern* Sie diese Emotion(en), das heißt, Sie empfinden
durch die weg-Bewegung ein Sie stärkendes Gefühl. Die
körperliche Aktivität des Loslassens bewirkt das sehr gute

Gefühl, ruft es hervor und Sie „powern" sich selbst in einen emotionalen Zustand der *Pro-Aktion,* der Erleichterung und des damit verbundenen Wohlgefühls. Sie schaffen Platz für Neues und für kraftvolles und schwungvolles Handeln.

Wenn Sie eben konzentriert und unermüdlich die Übung **für sich** mitgemacht haben, dann haben Sie bereits eine erste Eigenprogrammierung Ihres Verhaltens eingeleitet. Wann immer Sie dieses Weggeben-Programm fahren, werden Sie garantiert die *Gefühls- und Power-Anker* spüren. Also das bedeutet jetzt schon für Sie: Trainieren Sie sich selbst in dieser Richtung der Selbst-Programmierung durch:

**1.** Bewegung des „Weg-von-sichs" und ein tiefes befriedigendes Gefühl des Leichterwerdens und der Stärke.

**2.** Bewegung, real oder mental: erneutes Powergefühl, das sich ausbreitet, und so fort... , bis diese Reaktion verinnerlicht ist. Erinnern Sie sich bitte: ehe Sie sicher und instinktiv Radfahren konnten, übten Sie! Sie probierten und trainierten so oft, bis Sie - wie von alleine - fahren konnten. Hier wird es auch so sein!

Nehmen Sie Ihren Erfolg selbst in die Hand! Durchleben Sie real und mental die Wegwerf- oder Weggebe-Bewegung. Entwickeln Sie für sich Bewegungsabläufe, die genau diese Richtung des Loslassens und der Erleichterung ausdrücken. Achten Sie zugleich auf die Rückkopplung der Motorik auf Ihren emotionalen Zustand der

Freude, der Pro-Aktivität, des Vorwärts! Spüren Sie genau hin, wo dieses Gefühl ist; wie es sich ausbreitet und in welchem Maße es noch nicht stark genug ist. Steigern Sie es durch weiteres Training; denn: dieses Power-Gefühl wird Sie als Power-Anker sehr oft begleiten und Ihre Selbst-Motivation anregen!

So, jetzt kommt der sechste Schritt der heutigen Aufgabe.

Nehmen Sie einen anderen Stift, eine andere Farbe und vermerken Sie ausführlich, wie und welche Dinge Sie - von den fünfzig - direkt und jetzt gleich wegwerfen werden, in den Mülleimer, in die Aschtonne oder in den Sortiermüll, wie Papier- oder Glascontainer. Welche Dinge werden Sie in der Nachbarschaft abgeben, wen benachrichtigen Sie es abzuholen oder bei welchen Dingen veranlassen Sie weiteres?

Also: was ist augenblicklich Ihr nächster Schritt, diese fünfzig Dinge **loszuwerden, abzuschütteln**, sich ihrer zu **entledigen**? Ein Anruf beim Stadtanzeiger für das Angebot-Inserat? Ein Anruf bei einer wohltätigen Organisation für Kleidung oder Nahrung? Bei einem Freund, einer Freundin? Ist es ein(e) Familienangehörige(r) oder treffen Sie gleich die Person? Notieren Sie bitte sehr sorgfältig Ihre Auswahl an Zuwendungen, inclusive der Namen. Entwickeln Sie für jedes Teil eine „Adresse".

Sie werden auch jetzt das zuverlässige - IHR zuverlässiges - Zeichen, Signal oder den Power-Anker spüren, der oder das Sie während der letzten Minuten fortwährend begleitet.

Genießen Sie dieses Gefühl, lassen Sie es sich ausdehnen, weitreichend durch und über Ihren Körper fließen, spüren Sie die **Wärme**, die dieses **Glücksgefühl** begleitet, lassen Sie es sich ausbreiten, es **wachsen** und Sie **durchströmen!**

**Ja!!!! Sie unternehmen gerade die ersten starken Schritte - mit sich und für sich! Sie sind auf dem Weg hin zu Ihrem Ziel! Sie spüren die unbändige Kraft in Ihnen und den Drang hin zum Ziel. Sie sind aufgestanden, dieses Ziel auf Ihrer *Power Line* (*Time Line™*) hier und sofort zu starten.**
**Ja..!!!**

---

Time Line™ ist das eingetragene Warenzeichen von Klaus Marwitz & Idyll, Kiel. Bei allen weiteren Nennungen innerhalb des Buches wird auf das Warenzeichensymbol verzichtet.

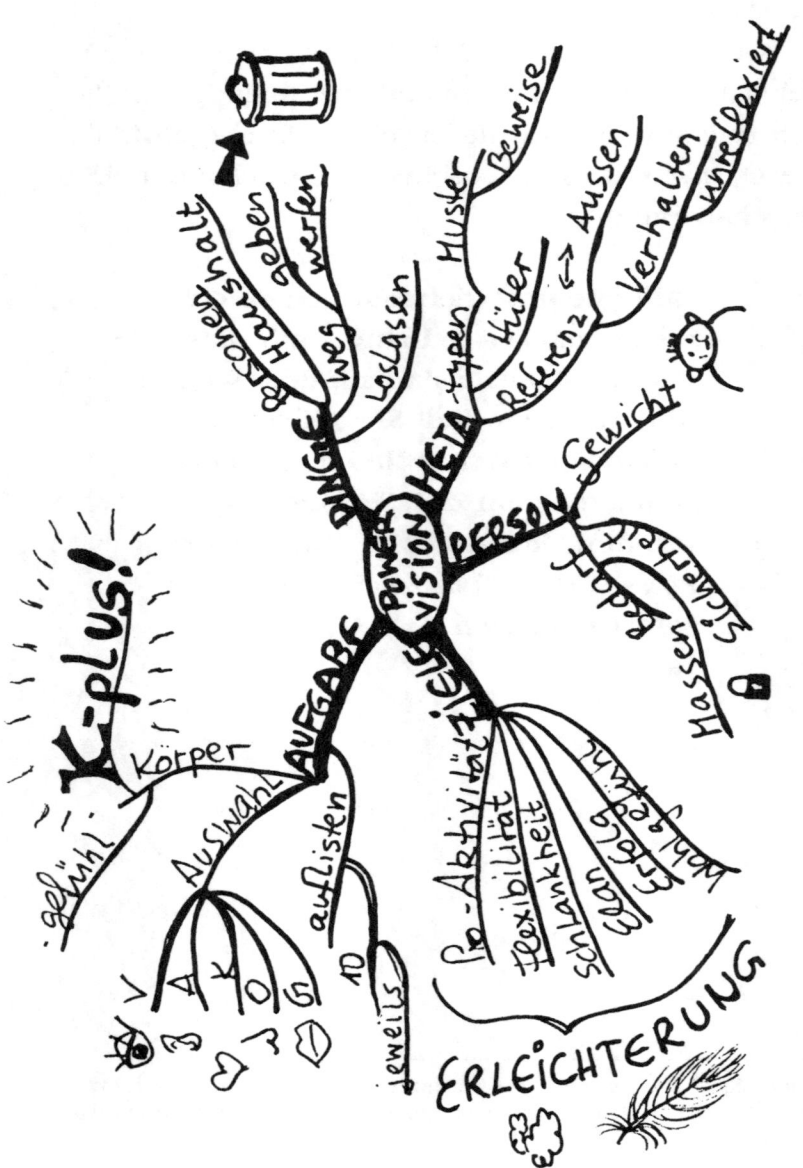

## IHR IDEEN-POOL

# 2. K-plus: Power Mapping

Hallo! Stellen Sie sich bitte vor Ihrem *Inneren Auge* alle fünfzig Dinge vor, die Sie beschlossen haben wegzuwerfen. Sortieren Sie dabei nach folgenden Kriterien.

Doch zunächst legen Sie sich ein neues großes Blatt vor, am besten besorgen Sie sich einen großen Block (besonderen) Zeichenpapiers aus dem Zeichenbedarfshandel, viele farbige Filzstifte, feine und breitere und Buntstifte.

Wenn Sie all das (noch) nicht haben, dann tun Sie sich den Gefallen und besorgen Sie es, jetzt! Für **Ihr** Power Line-Programm gestalten Sie sich ein Bild- und Arbeitsbuch erster Qualität: **Ihr** Begleitwerk während dieser spannenden Zeit!

Wenn Block und Stifte vor Ihnen liegen, dann zeichnen Sie in die Mitte des quergelegten (!) Blattes einen etwa im Durchmesser 4-5 cm ovalen Kringel, den Kern. In diesen Kringel-Kern zeichnen Sie bitte für sich ein Symbol, das diese Weggebe-Aktion darstellt. Zeichnen oder malen Sie eine Art Superzeichen oder Supersymbol, das Sie hier ... und jederzeit ... beim bloßen Anblicken genau an die Aktion erinnert und die positiven Gefühle, die damit verbunden sind. Oder der Anblick des Symbols ruft bei Ihnen sogar Erleichterungs- und Glücksempfindungen hervor.

Vielleicht schließen Sie erst einmal lieber die Augen und überlegen dabei, ob Ihnen ein innerer *„Kreativer*

*Teil"* ein Bild schickt. Dieses Bild kann absurd sein, offensichtlich nichts mit dem Thema zu tun haben oder vielleicht auch schwer darstellbar sein. Dann reduzieren Sie die Darstellung auf wenige knappe prägnante Formen, Farben oder stellen Sie ein Kürzel dar, quasi ein Piktogramm.

Vielleicht möchten Sie aber die Augen geöffnet lassen. Dann blicken Sie während Ihrer Suchzeit nach oben! Richten Sie die Blicke an die Zimmerdecke oder lassen Sie auf jeden Fall das bewußte Hochblicken in die Wolken gehen oder zu den Baumspitzen, egal wohin, nur sollten Sie wirklich die Blickbewegung hoch bringen.

Manchmal schlängelt man sich an diesem Arbeitsauftrag vorbei, indem der Kopf und das Gesicht hochgereckt werden. Nein, das ist nicht gemeint! Also nur die Blicke hoch. Wenn Ihnen die Augapfelmuskel schmerzen: sehr gut! Dann stimmt meine Vermutung, daß Sie sehr selten diese Augenbewegung machen. Tragen Sie vielleicht eine Brille? Runter mit ihr! Jetzt, für diese Vorübung brauchen Sie nicht real scharf zu sehen. Dieses ist Mentaltraining!

Wenn Sie nach oben blicken - als Augenbewegung - regen Sie immer Ihre *Bildspeicherareale* des Gehirns an. Ihr *Denktakt* ist zusätzlich besonders schnell und lebhaft. Das heißt für Sie: wann immer Sie besonders visuell erinnern, denken oder arbeiten, um so denkschneller arbeitet Ihr Gehirn.

Können Sie von sich sagen, daß Sie *real* und mental ein hoch *visueller Mensch* sind? Dann gratulieren Sie sich bitte. Sie denken, planen und entwickeln schneller als zum Beispiel Menschen, die überwiegend sogenannte *Ohrentypen* sind.

Also noch einmal: Sie haben vor sich das besondere Blatt quergelegt, Sie haben einen Kern vorbereitet und Sie haben vielleicht jetzt schon ein Symbol oder ein Bildkürzel gefunden, das Sie dort hineinzeichnen. Wenn nicht, dann bei geschlossenen oder geöffneten Augen - aber auf jeden Fall mit Blickrichtung nach oben - warten, überlegen und finden, was Ihnen Ihr „Kreativer Teil" schickt.

Okay. Sie haben etwas, das Sie zeichnen werden. Es ist **Ihr** Zeichenblock, es ist **Ihre** Aufgabe, die **Sie** jetzt durchführen. Also unterlassen Sie Ausreden wie: »Ich kann doch gar nicht zeichnen«, oder: »Wie das aussieht«, »Wenn das jemand sieht, der lacht sich ja kaputt«. Alle diese Bemerkungen Ihres *Inneren Dialoges* sind Ihre eigenen *Glaubenssätze,* von denen Sie arg begrenzt werden. Außerdem sind es mehr oder weniger geschickte Anstrengungsvermeidungshaltungen. Niemand wird ohne Ihr Einverständnis Einsicht erlangen in Ihre Notizen und Bilder!

Darum zeichnen oder malen Sie diese und alle künftigen Aufgaben mit. Machen Sie es sich ab jetzt zum Ziel - zu einem von vielen neuen (!) -, Ihre Worte, Ihre Aussagen, Selbst-Motivationen durch Bildelemente parallel zu unterstreichen. Sie erreichen auf diese Weise eine sogenannte beidhirnige Aktivität in Ihren Handlungen. Ausschließlich Worte, verbale Äußerungen oder Vorsätze sprechen nur Ihre linke Gehirnhälfte an. Seien Sie nicht nachlässig mit Ihren kompletten Ressourcen, greifen Sie zu oder zurück auf Ihre beidhirnigen Potentiale. Das bedeutet für Sie ganz konkret, daß ab jetzt, wann immer Ziele formuliert, durchdacht und angegangen werden, Sie Ihren Bildspeicher in der rechten *Gehirnhemisphäre* reizen. Er reagiert nur auf Bilder, Musik, ganzheitliche Projekte und liebt den Überblick. Die Einzelheiten für Aktionen oder Vorsätze lassen Sie von Ihrem linkshemisphärischen Denken entwickeln.

Sie merken bereits jetzt schon, daß viele neue Erfahrungen und Bereicherungen für Ihr Denken und Handeln stattfinden und noch stattfinden werden!

Also: Sie haben in der Blattmitte im Kern ein Symbol oder was auch immer dargestellt, das Ihnen in seiner Ausdruckskraft zeigt, sagt oder Sie empfinden läßt, daß damit Ihre erste Aktion, die des Hausratentschlackens gemeint ist. Sie zeichnen bitte mit fünf unterschiedlich farbigen Stiften - die Farben sind gut erkennbar - fünf „*Äste* " gutverteilt um den Kern. Die Länge liegt bei 5 cm. Hierzu einige wichtige Regeln, die Ihnen gleich zu Anfang das übersichtliche Schreibzeichnen erleichtern.

**1.** Die Äste schließen genau an den Kern an, es entsteht dabei nie eine Lücke.
**2.** Auf die Äste schreiben Sie immer mit guter Handschrift und in Blockbuchstaben.
**3.** Auf den ersten Ast, der vielleicht dort beginnt, wo

auf dem Zifferblatt die Uhrzeit 1 Uhr wäre, schreiben
Sie das Wort »**VISUELL (V)**«.

**4.** Auf den zweiten Ast schreiben Sie mit guter Handschrift »**AUDITIV (A)**«,

**5.** auf den dritten
»**KINÄSTHETISCH (K)**«,

**6.** auf den vierten
»**OLFAKTORISCH (O)**«

**7.** und auf den fünften das Wort
»**GUSTATORISCH (G)**«.

Jeweils neben die Worte zeichnen Sie bitte die Symbole dafür: bei VISUELL ein Auge, bei AUDITIV ein Ohr,
bei KINÄSTHETISCH ein Herz, bei OLFAKTORISCH eine
Nase und bei GUSTATORISCH einen Mund.

Die Bedeutungen von VISUELL, AUDITIV und
KINÄSTHETISCH kennen Sie schon; es sind das Sehen,
Hören und Fühlen, bzw. die Stimmung. OLFAKTORISCH
beschreibt die Sinneserfahrungen, die über die Nase
geschehen und GUSTATORISCH bezieht sich auf das
Schmecken.

Sind Sie soweit? Ihre heutige Aufgabe besteht darin,
daß Sie per Wort (linkshirnig) und Bild (rechtshirnig) den
fünf Sinnesbereichen genau die Dinge zuordnen, die Sie
beschlossen haben wegzugeben, wegzuwerfen oder zu
verschenken. Sie sehen im Anhang ein Beispiel.

Die Darstellungsform, wie Sie sie hier in genau der Technik sehen und auch selbst praktizieren, heißt *Mind Mapping™*; das Bild ist das *Mind Map™*.

Der Engländer *Tony Buzan* hat das Verfahren konzipiert. Es ist die günstigste DarstellungsART, quasi ein Allheilmittel für die Zusammenarbeit beider Hirnhälften, bzw. um beide Hirnhälften zu aktivieren. Es lassen sich Planungen entwickeln, Texte komprimieren, Projekte planen oder Erinnerungen speichern. Während Ihrer Zeit mit mir im Buchdialog und durch Ihre aktive Mitarbeit in den Übungen trainieren Sie es ganz oft.

Vorteil: Sie lesen und praktizieren Ihre Aufgaben und erfahren unmerklich und ohne Extraaufwand dieses außergewöhnliche „Denkmittel". Sind Sie schon jetzt neugierig?

Gut: Sie finden zehn Dinge pro Sinnesbereich, die Sie weggeben, bzw. von denen Sie sich lösen. Ist es so?

Beachten Sie beim Notieren bitte genau Ihre sprachlogische Hierarchie im Denken. Sie regen auf diese Weise das Linkshirn an und das strukturierte Denken - und sich selbst doch wohl auch?!

Ein Beispiel: Teile des Hausrates haben einen Oberbegriff: es ist das Wort »Hausrat«. Hausrat vereinigt unter sich »Küchenhausrat« wie »Geschirrteile«. Darunter wäre »Tasse« ein Teil von Geschirr.

---

Mind Mapping™ und Mind Map™ sind eingetragene Warenzeichen von Tony Buzan, England. Bei allen weiteren Nennungen innerhalb des Buches wird bei diesen Begriffen auf das Warenzeichensymbol verzichtet.

Unter Hausrat passen aber auch Übertöpfe oder Bilder. Sie entscheiden sich, vom Kern aus, von den Allgemeinbegriffen/Großbereichen hinunter zu den Kleinbereichen/Detailbegriffen vorzugehen. Sprachlich sauber in den Definitionen und logisch in der Reihenfolge. Pro Wort benutzen Sie einen Zweig, auf den Sie das Wort schreiben. Das Wort sieht jetzt aus wie unterstrichen. **Es ist auch unterstrichen; als wichtig markiert für die visuelle und kognitive Wahrnehmung.**

Wie oft unterstreichen wir die Bedeutung von Aussagen durch Bemerkungen, wie: »Ich möchte unterstreichen, daß... « Deshalb die Wörter immer auf die Linien oder auf die Zweige; nie daneben oder darunter! Sie erhalten dann ein Mind Map, das aus wichtigen Unterstreichungen besteht. Neben die Worte oder etwas darüber, aber immer in die Nähe, zeichnen Sie die Bildentsprechung des Wortes, das heißt, Sie übersetzen für die rechte Gehirnhälfte in die Bildersprache.

Da die fünf Äste die fünf Sinnesbereiche betreffen, schreiben Sie bitte genau die Wegwerf-Dinge hinein, die für Sie visuelle oder auditive, kinästhetische, olfaktorische oder gustatorische Auswirkungen auf Ihre Wahrnehmung haben.

Das Wandbild beispielsweise wird in erster Linie dem *V-Bereich* zugeordnet werden, es sei, Sie schließen den Rahmen mit ein, dessen Schnitzwerk Sie streicheln und umfühlen. Stellen Sie für sich fest, welcher Aspekt etwas mehr zählt.

Eine Musikkassette oder LP gehört in den *A-Bereich,* auch wenn entsprechende Gefühle durch und bei der Musik hervorgerufen wurden. Der Eingangskanal zählt, also der, der in einer eventuellen Reihe von Mehrsinnigkeit - *Synästhesie* - an erster Stelle steht. Eßwaren lassen sich sowohl bei *O* als auch *G* zuordnen.

Haben Sie Zweifel, ob vielleicht auch bei *V,* dann fragen Sie sich bitte, ob Sie zum Beispiel die Ware oder das Getränk wegen des Aussehens und der Farbigkeit kauften oder wegen des Geschmacks oder Geruches. Immer der vorderste Sinnesimpuls ist bedeutend. Auch bei den Dingen, die einen Fühlcharakter haben oder Ihre Stimmung beeinflussen. Diese können gut aussehen oder auch riechen und schmecken, aber hätten sie ein anderes Aussehen, würde man sich dann auch für den Gegenstand entschlossen haben? Oder ist es tatsächlich das Material, das eine körperliche Empfindung auslöst? Oder der Verwendungsweck, wenn es zum Beispiel ein Sportgerät ist? Gut überlegen und dann in das Mind Map eintragen und bebildern.

Bei Querverweisen können Sie mit Verweispfeilen arbeiten, das heißt, Sie deuten an, bzw. zeigen an, daß es ein „sowohl als auch" in Ihrer Entscheidung oder Überlegung gab.

Wenn Sie fertig sind und die fünfzig Dinge eingesetzt haben, dann halten Sie Ihr Mind Map vor sich, heften es hoch an die Wand - wie ein Bild -, und betrachten Sie es aufmerksam. Sind da noch Stellen, die Sie nacharbeiten werden, sei es farblich, bildlich, oder haben Sie jetzt vielleicht präzisere Hierarchien im Denken? Wenn Sie sehr zufrieden sind, dann achten Sie bitte auf das Gefühl in Ihnen, das Sie immer dann haben, wenn Ihnen etwas sehr gelingt. Spüren Sie hin zu der Stelle. Definieren Sie für sich, wo in Ihrem Körper das Gefühl von gutem Erfolg und von guter Leistung sitzt. Spüren Sie es auf und lassen Sie es sich ausbreiten ... .

**Vor Ihnen ist Ihr erstes Mind Map.**

# Gratulation!!

Abends, vor dem Einschlafen vielleicht oder wann immer Sie etwas Ruhe haben, stellen Sie sich vor Ihrem „Inneren" Auge das Bild des Mind Maps vor.

Und Sie wissen jetzt, daß Sie sich helfen können, wann immer Sie sich nicht sofort an Visuelles, also an Bilder, Farben, Formen, Dinge oder Muster - und Gesichter - erinnern können, daß Sie dann Ihre Augenbewegung nach oben richten. Mit Hilfe dieser mentalen Übungen wird es immer schneller und sicherer gehen, ich verspreche es Ihnen!

Prima! Sie sehen jetzt mental das Bild-Map vor sich - oben an den Augenbrauen vorbei - und Sie blicken das Map an, achten auf die Farbaufteilung, die Formen, die Bilder und die Darstellung der Worte, die Lage der Zweige auf dem Blatt, die Schriftart. Sie können gerne real auf dem Papier nachschauen und vergleichen, ob Sie mental auch all das sahen. Dabei erinnern Sie sich an das gute Gefühl, das Sie beim Fertigstellen des Bildes hatten, das Gefühl des Erfolges und der guten Leistung. Haben Sie es? Und wenn Sie vergleichen, wie wohl es Ihnen ging und

wie aufgeregt Sie waren, als Sie sich vornahmen, die
fünfzig Dinge wegzugeben, da werden Sie vielleicht bemerken, daß beide Gefühle in etwa identisch sind, bzw.
ähnliche *Frohsinns- und Glückshormone* „auswerfen".

Ist es so? Wenn nein, dann erinnern Sie sich bitte erneut an eine Situation, als Sie einer Person, jung oder alt,
etwas schenkten, gaben oder überreichten. Erinnern Sie
sich, wie die Person aussah, im Gesicht - Augen, Mund,
Nase, Frisur -... schauen Sie sie an, wie und ab wann die
Freude für Sie sichtbar wurde. Was sagte die Person?
Lachte sie vielleicht? Wie fühlte sich die oder der Be-
schenkte? Und vor allem: spüren Sie zurück zu der Empfindung, die Sie hatten bei diesem frohen und glücklichen
Gefühl des Gebens, des Sehens von Freude im Gesicht
der anderen Person.

Sie haben es sicherlich schon mindestens einmal erlebt. Genau dieses Gefühl wird Ihnen entstehen, wenn
Sie (auch weiterhin) die Dinge weggeben, wegwerfen
oder spenden. Glauben Sie es: es ist wunderbar, bzw. es
wird herrliche Empfindungen auslösen oder hervorrufen!

Mit jedem Gegenstand, den Sie weggeben, bzw. mit
dem Sie anderen Menschen eine Freude machen können,
mit jedem Geldbetrag, mit dem Sie sofort helfen können,
geben Sie sich ein Vielfaches an Glücksempfindungen.
Und Sie sind, werden oder bleiben belastungsfrei, denn
Sie geben; geben vielleicht vom Überfluß, aber auch,
wenn es nicht so einfach ist, wenn es finanziell „drückt"
oder wenn der Gegenstand wirklich am Herzen liegt.

**Und wie groß ist dann das K-plus, wenn Sie es trotzdem oder gerade deswegen tun !!!**
Ihr Glücksgefühl wird im letzten Fall größer sein. Die Empfindung, Glück zu ermöglichen, bewirkt sofort in Ihnen die Lust, Glück zu empfangen!

Denken Sie einmal darüber nach: welchen Unterschied macht es, auf der Fordererseite zu sein, zu bekommen und glücklich zu sein oder zu geben und dabei glücklich zu sein? In welchem Fall haben Sie dingliches Glück, in welchem Fall ist ein dinglicher Zuwachs zu verzeichnen? Wann ist das Glück undinglich und wann kann es mental ausgekostet werden? Wann ist es dadurch erinnerbar und wiederholbar?

Kommen wir zurück zu Ihrer Aufgabe. Machen Sie sich noch einen mentalen Spaß: stellen Sie sich ein Fließband vor, auf dem die fünfzig Dinge - von Ihnen sortiert nach Größen - liegen. Und dieses Band lassen Sie - mit den Dingen darauf - vorbeilaufen, von rechts nach links oder Sie blicken von vorne darauf und die Laufrichtung ist in Richtung zurück, sozusagen laufen die Dinge in Ihre Vergangenheit. Und Sie werden als Farbtechniker/In Ihre visuelle Wahrnehmung in Schwarz/Weiß umschalten. Sehen Sie sich jetzt die Gegenstände an, achten Sie bitte auf die vielen verschiedenen Grautöne! Wie sieht nun das Grau aus, wo einstmals gelb oder rot oder blau war? Betrachten Sie einfach die Dinge, wie sie - wie auf einem alten Fernsehschirm - grau in grau oder schwarz-weiß vorbeiziehen.

Sortieren Sie die Dinge vielleicht dabei um, nach Material, nach Sinnesbereichen, nach Besitzdatum oder nach Gewicht. Jedes Mal in eine andere Anordnung. Spielen Sie mit Ihrer Vorstellungskraft und achten Sie dabei auf Ihr gutes und tiefes Gefühl des **Spaßes**, des **Loswerdens und** des **Weggebens** dabei. Nun....?

Sie haben mit der heutigen Aufgabe:
**1.** konkretes Denken in Sinneskategorien erlebt. Sie übertrugen
**2.** die Worthierarchien in bildnerische Ausdrucksform und schufen sich
**3.** selbst ein mentales „TV-Programm" im Laufe des Mentaltrainings.

**Sie jonglieren phantastisch mit Ihren Denk- und Wahrnehmungspotentialen!**

**Bravo!**

Und wie **groß ist die Wirkung** der Gedanken über das **Schenken, Loswerden und Gutestun** auf Sie? Achten Sie einfach einmal auf das Herzklopfen dabei, ... den unwiderstehlichen **Drang**, ...

**sofort
anzufangen,
sofort loszulegen ...**

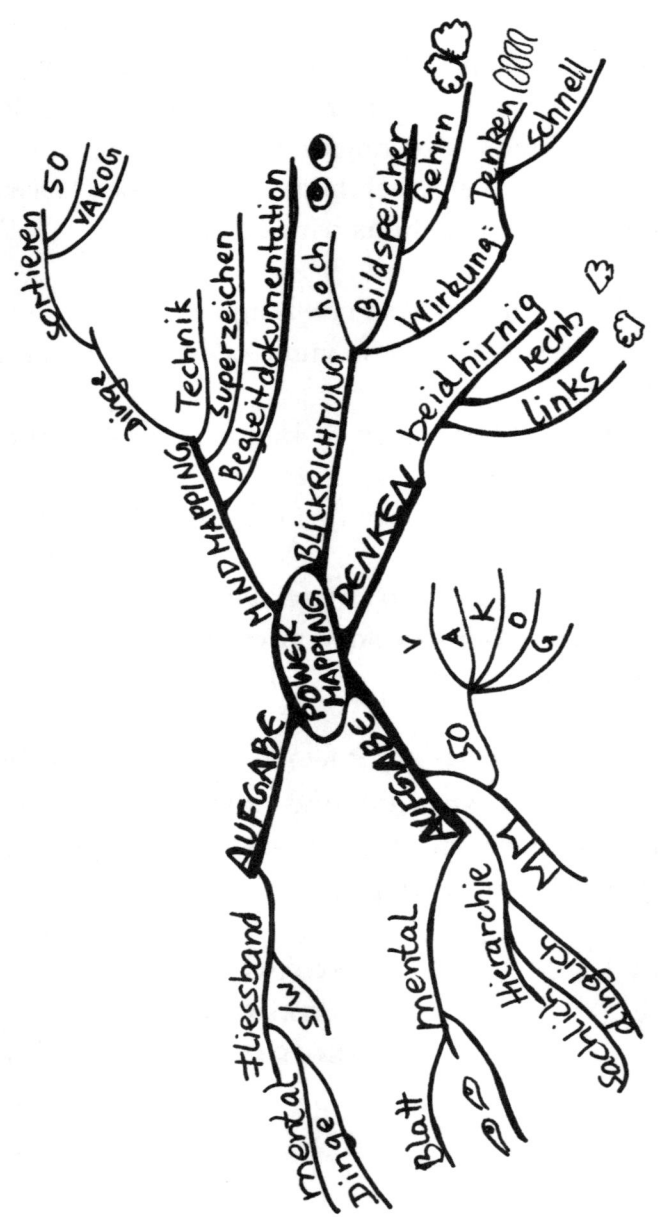

## IHR IDEEN-POOL

# 3. K-plus: Dynamic Power

Heute geht mein Wunsch - an Sie - dahin, daß Sie vorrangig mit Ihrem variantenreichen Sinnesinstrument - Ihrer Stimme, Ihrem Stimmvolumen und Ihrem *Inneren Dialog* - ein orchestrales Schauspiel inszenieren.

Gehen Sie schon einmal vor zu einem einsamen Meeres-Strand, von dem nur Sie wissen, wo er sich befindet, wie es dort aussieht oder welche Tageszeit es gerade ist.

Schauen Sie sich bitte genau um: was sehen Sie dort im Vordergrund, was mehr links? Wie sieht die Linie aus, die den Horizont bildet? Welche Farben erkennen Sie? Gibt es mehr Blau oder ist alles hell? Ist es dort bunt? Was alles? Schauen Sie an sich hinunter: welche Kleidung sehen Sie - oder auch nicht? Wie ist der Kontrast Ihrer Haut zum Boden? Blicken Sie bitte den Sand genau an. Wie würden Sie seine Farbe benennen? Setzt sich die Sandfarbe aus mehreren Farben zusammen? Welches Sandkörnchen ist das hellste? Welches das rundeste? Welches besteht aus Muschel? Welches ist transparent?

Und was hören Sie dort alles an lauten und wiederkehrenden Geräuschen? Das Toben der Brandung? Das Aufrollen der Wellen? Das Geräusch des knirschenden Sandes unter Ihren Füßen? Gibt es in der Ferne, hinter Ihnen oder vor Ihnen, Töne, Klänge, einmalige Geräusche? Sind diese natürlicher Herkunft? Und können Sie vielleicht Ihr eigenes Rufen, Schreien oder Brüllen wie in einem Konzert mit der Brandung hören? Was ist am laute-

sten? Ist es gleichmäßig laut? Hören Sie bitte nur diesen
Ton; reduzieren Sie das Hinhören auf diese Geräusch-
quelle und vielleicht möchten Sie diesen Ton nachsum-
men oder nachpfeifen.

Wie fühlt es sich an, auf dem Untergrund zu stehen,
zu sitzen oder zu liegen? Ist es mehr kühl oder sehr warm?
Spüren Sie Wind auf Ihrer Haut, wie er die Haare durch-
weht?

Heben Sie mit einer Hand - mit Ihrer rechten - eine
Handvoll feinkörnigen Sand auf. Fühlen Sie die Menge
und lassen Sie vorsichtig, nach und nach - ganz bewußt -
den Sand durch Ihre geöffnete Hand rieseln, an den
Fingern vorbei, und spüren Sie genau hin zu diesen
Stellen, an denen der Sand seinen Weg nach unten sucht
und findet. Behalten Sie einige wenige Körnchen in der
Hand, betasten Sie die Kleinheit, die Fühlformen und
spüren Sie auch hin zu Ihrer Fingerspitzenhaut. Wieviel
Druck oder Wärme empfinden Sie dort unter der Haut, als
Sie die Sandkörnchen aneinanderreiben? Wie großflächig
ist Ihre Tastwahrnehmung der runden Sandkörnchen. Ab
wann spüren Sie keine Sandkörnchen mehr?

Gehen Sie dann von diesem „*K-Detail*" zum großen
„*Big Picture*" der Gesamtumgebung. Achten Sie auf **Ihre**
frohe Stimmung, auf **Ihr** Gefühl, dort an diesem Strand,
an dem **SIE SICH in allerbester Begleitung mit SICH
SELBST befinden**.

Wenden Sie bitte Ihre Aufmerksamkeit einmal dem
zu, was Sie alles riechen können. Schnuppern Sie die viel-
fältigen Aromen und Gerüche, die so typisch sind für das

Meer, den Strand, die Natur dort draußen. Wieviele unterschiedliche Wahrnehmungen erkennen Sie? Nehmen Sie
Strandgut hoch und stellen Sie auch hier den Duft fest. An
welchen Stellen Ihrer Finger können Sie den Geruch des
Strandgutes riechen, das Sie hochgehoben und angefaßt
haben? Vergleichen Sie die Intensität des Geruches. Besteht er aus nur einem Duft oder ist er zusammengesetzt
aus verschiedenen Düften?

Lecken Sie sich bitte mit Ihrer Zunge über Ihre Lip-
pen. Schmecken Sie diesen Hauch von Meeressalz, der
sich auf Ihre Haut gelegt hat. Gibt es noch einen anderen
Geschmack, den Sie vernehmen? Wo genau auf Ihren
Lippen ist der Meeresgeschmack behaftet? Wo am mei-
sten? Und tippen Sie ruhig einmal vorsichtig mit der
Zunge auf Ihrem Handrücken. Gibt es da ein anderes
Aroma?

So, und jetzt blicken Sie in Richtung Brandung. Beobachten Sie, wie sich die Wellen formieren, wie sich die
Kämme ab wann bilden, wann sie zusammenfallen mit
einem krachenden Tosen und wie es aussieht, wenn die
auslaufenden Wellen den Strand „hochlecken", bis sich
irgendwann das Wasser im Sand verliert, durch den
feinen Muschelsand durchsickert, und dabei hören Sie
auch die unterschiedlichen Nuancen der Lautstärken und
der Tempi.

Geben Sie sich einfach einige Wellen lang diesen
Beobachtungen hin, nehmen Sie die Bewegungen, die
Rhythmik in sich auf und atmen Sie dazu ... kraftvoll und
tief ein.

Stellen Sie sich sicher auf den Boden, breiten Sie Ihre Arme aus, recken und strecken Sie sich, während Sie das Gesicht nach oben halten und atmen Sie tief ein, ... halten Sie diese würzige Luft etwas an und stoßen Sie sie wieder aus. Noch einmal: atmen Sie viel Luft langsam und bewußt ein, heben Sie dabei vielleicht Ihre Arme seitwärts mit an, halten Sie die Luft längere Zeit, spüren Sie das erstaunliche Volumen Ihres Brustkorbes und lassen Sie bereits jetzt Ihr *Power-Gefühl* kommen. Halten Sie etwas inne, konzentrieren Sie sich auf das sich ausbreitende wunderbare, Sie stärkende Gefühl, das durch und über Ihren Körper geht ... . Achten Sie auf ein eventuelles Wärmegefühl oder wie es sich bemerkbar macht oder von wo es ausgeht.

**Bemerken Sie auch die Intensität der wohligen Zufriedenheit, als Sie langsam und erleichtert ausatmen.**

Gut, nicht wahr!

Machen Sie diese Abläufe mehrmals und Sie werden an sich feststellen, wie Sie auf diese Art und Weise ein so frohes und zuversichtliches Gefühl - Ihr K-plus - verspüren. Es ist dieses Mal eine andere Szenerie, ein anderer Auslöser.

Und „trotzdem" ...

**erleben Sie auch hier eine unbändige Kraft in SICH; wie die des Meeres vor Ihnen !!!**

Und ich bitte Sie jetzt, vor sich in den Sand - mit einem Stöckchen oder dem Finger - einen Satz oder ein Wort zu schreiben, mit dem Sie sich jeweils zu Taten - wie diesem Power Line-Programm hier - motivieren. Dieses kann eine Anrede, eine Aufmunterung, ein Spruch oder ein Appell sein. Schreiben Sie jetzt...!

Gut. Nun beantworten Sie sich die Frage, ob Ihr Satz eine sogenannte „WEG-VON-ETWAS-Tendenz" hat oder mehr eine „HIN-ZU-ETWAS".

Deutet die Formulierung einen Jetzt-Zustand an, der durch motivierende Zurede verändert oder beendet werden soll? Oder gibt es die sprachliche Mitteilung, daß das Ziel universell, sehr allgemein und relativ hoch gesetzt (hoch*gechunkt)* ist? Sind in Ihrem Satz Bemerkungen wie: »Auf, auf, fang endlich an« oder »Bleib bloß dran«; dann signalisieren Sie Ihrem Unterbewußtsein damit eine Mißbilligung einer (angeblich) nicht vorhandenen Bereitschaft, konsequent etwas für Sie zu tun.

Sie müssen wissen, daß die Sprache, sei sie innerlich oder nach außen gekehrt gesprochen, immense Auswirkungen auf unsere *Neuro-Muster*, bzw. *-Programme* im Bewußtsein und auch im Unterbewußtsein hat.

Sprechen Sie also recht mißbilligend zu sich, dann mißachten Sie die immerwährenden guten Absichten Ihrer Kreativen und *Arbeits-Teile*, die ja kontinuierlich gute Arbeit leisten. Es kann deshalb für Sie ab heute bedeuten, daß Sie Ihre Formulierungen günstiger und

50

linguistisch hirnfreundlich gestalten, um **effektiv** Ihre Ziele zu erreichen.

Schreiben Sie bitte einige Formulierungen in den Sand, von denen Sie wissen, daß Sie sie öfters einsetzen zur Selbst-Motivation. Achten Sie dabei auch auf Ihre Bewegung, auf den Schreib-Druck, den Sie ausüben, um die Buchstaben in den Sand zu malen. Wie spüren Sie das Ausrufezeichen hinter dem Wort oder dem Satz?

- ....................................................................

- ....................................................................

Sprechen Sie sich jetzt das Geschriebene vor. Bemerken Sie ungünstige Formulierungen daran, daß Sie eigentlich so gar nicht recht angelockt werden von der Motivationsformel? Daß Sie zwar den Appell realisieren, sich jedoch nicht hingezogen fühlen können zu dieser Aufgabe. Überprüfen Sie die Worte auf die Wirkung der Attraktivität, des Sich-hingezogen-Fühlens oder des Getrieben-Werdens. Merken Sie Unterschiede?

**Gute Motivation vermag Sie zu reizen, Spitzenleistung - die berühmten 100% - zu geben.**

Sie löst in Ihnen das unbändige Verlangen nach dem „Hin-zu" aus, ohne Druck, ohne faule Verlockungen, sondern sie weckt genau richtig dosiert in Ihnen einen Drang aus! Einen Drang, den Sie ebenfalls spüren und durchleben, wenn Sie zum Beispiel Ihren Power-Anker kommen lassen oder Ihr K-plus breitet sich aus. Diese Gefühle stehen am Anfang und am Ende einer guten Motivationsstrategie! Der Teil dazwischen ist Ihre Pro-Aktivität, Ihre Handlung oder Aktion; das pure Gegenteil von passiver Selbstzufriedenheit und Sättigung!

Was geschieht in Ihrem Unterbewußtsein, wenn Sie in Ihrer Formulierung eine Verneinung verwandt haben? Nun, Sie beschreiben damit nur, was nicht sein soll, anstatt was zu tun ist: »Nur nicht aufhören!«

Es läuft sofort im Gehirn ein unbewußter Suchprozeß nach der eigentlichen Botschaft, nach dem beabsichtigten Nachrichteninhalt ab. Die sprachliche Einkleidung der Information sagt aber genau das Gegenteil, denn: das NICHT kann vom (Unter-) Bewußtsein nicht als Nachricht eingeordnet werden. Von dem »... nicht aufhören« ist nur das »aufhören« als Vergleichswert vorhanden, einordbar oder zu verstehen.

Paul Watzlawick hat sich ausführlich mit den Auswirkungen des Informationsgehaltes und -charakters auf unser Denken und Handeln bei Verneinungen beschäftigt.

Vermeiden Sie ebenfalls vergleichende Formulierungen. Vergleiche bewirken keinesfalls eine Motivation. Es sind klar formulierte Ziele, präzise Enddaten, genaue Details, die motivieren!

**Also für Sie in dieser Kürze der wichtige Hinweis, Wünsche, Affirmationen oder Anordnungen in eine „positive", verneinungsfreie Formulierung zu bringen.**

Korrigieren Sie gegebenenfalls jetzt Ihre Worte im Sand. Warten Sie die nächste Welle ab, die den alten Text wegspült, oder verwischen Sie ihn mit einer Hand oder Ihrem Fuß. Sie berücksichtigen in Ihrem neuen Motivationssatz folgende Kriterien:

- mit dem Satz sind Sie verlockt, **es** zu **tun**;
- das Ziel ist so attraktiv dargestellt, daß Sie es um jeden Preis erreichen **werden**;
- die Formulierung fassen Sie so ab, daß Sie bitte tatsächlich das ausdrücken, **was sein soll** und nicht die Verneinung dessen;
- mit Vergleichen setzen Sie fälschlicherweise Ihren Aufmerksamkeitsakzent auf den Vor-Wert, auf den Sie den Vergleich beziehen. Hauptaugenmerk ist aber **Ihr Ziel**. Also verschwenden Sie keine Gedankenenergie auf bereits bestehende Fixdaten; nennen Sie sich **präzise** Erfolgsziele, und
- geben Sie sich einen zeitlichen Rahmen!

Na, haben Sie sich vielleicht als ein möglicher „Überflieger" ertappt? Als eine Person, die gerne sehr pauschale und „flächendeckende" Wünsche, Ziele, Motivationen oder Anordnungen gibt?

Dann ist jetzt die richtige Zeit, auch auf diesem Gebiet das Detail im Detail zu trainieren. Machen Sie es sich ab sofort zur Herausforderung, die Motivation genau und ausführlich einzugrenzen auf ein spezielles Ziel, eine entsprechende Richtung oder ein genaues Aufgabenprofil hin.

Wie groß ist der Satz von Ihnen geschrieben worden? Hat er wirklich einen stark motivierenden Ausdruck? Sieht die Schrift zaghaft oder energisch geschrieben aus? Könnten Sie sich vorstellen, wie der Satz auch auf andere Menschen eine große Wirkung - rein äußerlich betrachtet - haben könnte? Bearbeiten Sie daraufhin Ihre Worte im Sand; verändern Sie oder ergänzen Sie!

Sprechen Sie den Satz oder das Wort aus, jetzt, daß Sie zufrieden sind und ein frohes Gefühl haben durch dieses Neuerlernte und Geleistete. Vielleicht wollen Sie auch noch versuchen, wie es ist, wenn Sie - in allergrößter Begeisterung - mit Ihren Händen den Satz in den Sand graben, mit den Innenflächen Ihrer Hände Sand aufstellen in Form der Buchstaben. Gestalten Sie Ihren Satz zu einem Kunstwerk großen Ausmaßes! **Unser Gehirn reagiert auf Übertreibungen und Großdimensioniertes eher, rascher und nachhaltiger.** Darum verwöhnen Sie sich durch Ihre Bewegungen, mit Ihrem Eifer und mit der spielerischen Freude. Erheben Sie sich und überblicken Sie Ihre Creation. Genießen Sie bitte Ihr K-plus dabei!

**Das entstehende K-plus ist wie ein Gradmesser der Qualität. Sie werden es als IHRE Prüf-Instanz wertschätzen.**

Sie stellen sich wieder fest hin und schauen noch einmal nach vorne in die Brandung, achten auf Unterschiede zu vorhin und nehmen sich vor, gleich Ihren Motivationssatz in die Wellen hineinzuschreien, hineinzubrüllen oder hineinzurufen. Tun Sie es jetzt!

Atmen Sie mit aller Kraft und Leichtigkeit die würzige und kräftigende Luft ein, bilden Sie in Ihrem Mund die Laute und formen Sie diese im Mund zu einem starken und mächtigen Ruf!

Spüren Sie das Power-Gefühl dabei, Ihre Lust, noch einmal zu rufen, den Drang, der Sie gepackt hat, dabei die Hände miteinzusetzen ... oder den ganzen Körper! Machen Sie es!

Üben Sie dabei auch gleich die Weg-Bewegung mit aus, achten Sie auf die Freude in Ihnen, Ihre Kraft und die Erschöpfung zugleich, toben Sie dort an Ihrem Meeres-Strand,

**brüllen Sie in die tobende und to-
sende Brandung, in diese Urgewalt
einer unendlich großen Dynamik
und verausgaben Sie sich.**

... und wissen SIE bereits JETZT um die wohlige Zufriedenheit nachher!

**Es sind SIE, und nur SIE, die oder
der sich hier die ureigenste Motivation und Erfüllung gibt!**

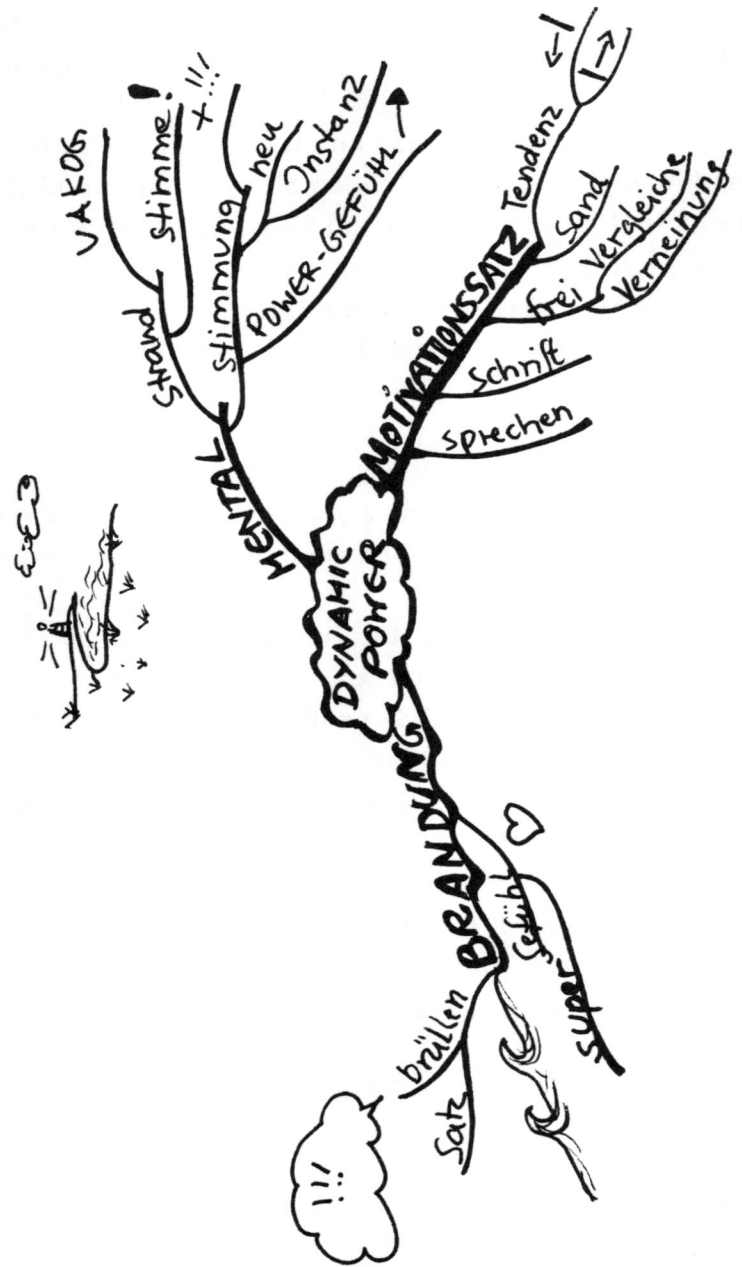

**IHR IDEEN-POOL**

# 4. K-plus: Power Potential

Sie haben bestimmt den größten Teil der Dinge weggegeben oder verschenkt oder vielleicht ist bereits alles weg. Kleiner Hinweis, falls Sie es noch nicht getan haben sollten, falls Sie zögerten und sich ständig vorsagten: »Man könnte es ja noch verwenden«, »Es war doch so teuer und irgendwann brauche ich es doch«, »Es nimmt ja keinen Platz weg«, oder gar: »Sie hat sich so viel Mühe gegeben, ich kann es doch nicht wegwerfen«, dann schreiben Sie jetzt bitte zehn Redewendungen auf, die genau diese „Denke" zum Thema haben. Sätze, Sprüche, überlieferte Redensarten oder eigene typische Worte mit dieser Tendenz. Sätze, die Sie vielleicht schon seit der Kindheit an geprägt haben, familiäre Philosophien, mit Dingen oder Nahrung umzugehen.

Schreiben Sie sie bitte sofort auf.

- ............................................................................................
- ............................................................................................
- ............................................................................................

Finden Sie des weiteren zehn Wörter, Sätze oder Slogans, die sprachlich die Aktion des Weggebens beschreiben oder bei Ihnen entsprechende *Assoziationen* hervorrufen.

Also Wörter oder Sätze wie: „nicht belasten", „weggeben", „sich frei machen", ... . Jetzt Sie:

- ............................................................................................
- ............................................................................................

Stellen Sie den Formulierungen entsprechende Bilder gegenüber. Zeichnen Sie zum Beispiel den Begriff „Loslassen". Entwickeln Sie bildnerische Darstellungen für die mindestens zehn Nennungen.

Sollten Sie mit dem Entschlacken des Hausrates bereits angefangen haben oder sogar schon durch sein, dann machen Sie sich trotzdem diesen Spaß einer Sprach-Historie. Sie gewinnen dabei verblüffende Erkenntnisse:

- ..........................................................................................

- ..........................................................................................

- ..........................................................................................

Und nun beginnen Sie bitte, die sprachlichen Ausdrücke pantomimisch darzustellen. Wie werden Sie „nicht belasten" ausdrücken? Oder „weg-geben"? „Sich frei machen"?

Probieren Sie recht genau Ihre körperlichen Empfindungen bei den Bewegungsstudien aus. Stellen Sie auch das Gegenteil dar, also um bei den oben genannten Beispielen zu bleiben: sich belasten / nicht belasten, zuführen / weggeben, erdrücken / sich frei machen.

Es soll so sein, daß Sie einige gute Zeit dafür verwenden, wie Sie, wie Ihr Körper und Ihr Bewußtsein auf die Zusammenhänge zwischen Sprache und Bewegung reagieren. Immer wenn Sie die „gewichtigen" und „lastigen" (lästigen) Wörter darstellen, dann bemerken Sie vielleicht Ihre Sehnsucht, durch eine Haltungskorrektur schnell in den anderen - befreiten und erleichterten - emotionalen Zustand zu kommen.

Gehen Sie die Abläufe ruhig einige Male wie gymnastische Übungen durch, aber setzen Sie an das Ende der Folge immer(!) Ihre neue Haltung der erleichterten Persönlichkeit. Breitet sich auch jedesmal ein gutes K-plus aus?

Und jetzt fragen Sie sich bitte bei den zuvor und zuerst genannten Sätzen oder Worten:

- »Wozu führte die Befolgung dieses Satzes?«
- »Was ist dadurch mit mir geschehen, ... um mich und für mich ... oder gegen mich?«

Fügen Sie Ihre Antworten den Aussagen bei. Finden Sie mindestens zwei Erkenntnisse pro Satz, Wort oder Redewendung.

- .............................................................................
- .............................................................................
- .............................................................................

Gut. Diese Überlegungen sind ein weiterer Schritt in Richtung Erfolg auf Ihrer Power Line!

Sie haben schon
**1.** erfahren und gelernt, wie Sie Ihren Power-Anker nutzen (utilisieren).
**2.** Sie erfahren, mit wieviel Glücksgefühl das Entschlacken Ihres Hausrates verbunden und gekoppelt ist. Und
**3.** ist womöglich die gezielte Beachtung von Sinneseigenschaften der dinglichen und sinnlichen Umwelt

ganz neu für Sie. Bereits heute werden Sie die Umwelt sinnes-sauber wahrnehmen und auf Einzelheiten achten oder strukturiert beobachten. Sie lernen

**4.** weiterhin etwas über die beidhirnige Denk- und
Darstellungstechnik des Mind Mappings und

**5.** trainieren Sie intensiv mentale Prozesse, die zuverlässig neue Verhaltensprogramme einrichten.

Nun noch einige Aspekte der Auswirkung der sprachlichen Niederlegung auf das (Unter-)Bewußtsein. Wenn
man zum Beispiel in dem Bewußtsein aufwächst und
lebt, daß man nichts wegwerfen darf, dann wird **Sie** oder
er es nicht vermeiden können, sich räumlich immer mehr
zuzuleben. Sie oder er werden das *Richtungsprinzip* des
**Nehmens, Haltens, Hütens, Habens** als reale und neuronale „Bewegung" inne**haben** und vermutlich ist er
oder Sie dick oder hat Gewichtsprobleme. Das Haben
und Behalten steuert ein komplexes (un-)bewußtes
Lebensprogramm. Alle (un-)bewußten Handlungen und
ein Besitztumsdenken sind dabei ein sehr dominieren-
des Muster!

Kein Wunder, daß **Sie** oder er sich dann schwer tun,
Gewicht zu lassen, wegzugeben, es **los**zuwerden!!

Gehen Sie bitte noch einmal die Sätze durch: welche
Tendenz erkennen Sie jetzt? Sind die Sätze inhaltlich vor-
**belastet**, das heißt, ist dort quasi eine moralische Kraft
dahinter, die ausdrückt, daß das Wegwerfen, Weggeben
oder Loslassen etwas sehr Negatives ist, daß es eine

„Sünde" sei bei Nahrung oder das Kennzeichen von Undankbarkeit bei Geschenken?

Wenn ja, dann formulieren Sie jeden Ihrer Sätze um, indem Sie die erste Aussage relativieren, bzw. sie in einen neuen Zusammenhang stellen.

Ein Beispiel: »Man darf nichts umkommen lassen« in: »Natürlich nicht, aber besser **ICH ernähre mich gesund durch frische und nicht zu große Portionen und lebe dadurch länger** (komme nicht um), als daß ich eine menschliche Müllkippe bin!«

Ein unmittelbarer Erfolg dieses *Reframings\** (Neuberahmung) ist der: Sie kaufen ab sofort weniger ein /gewinnen an Geld, vielleicht an Lagerplatz und schleppen sich nicht mehr so ab wie vorher! Sie werden auch jene „historische" Redewendung sicherlich nicht mehr sich oder anderen vorsagen, zumindest nicht ohne zu schmunzeln. Ihr von dem schlechten Gewissen beeinflußtes Eßverhalten an verdorbenem Essen, bzw. von Großportionen wird sich grundlegend ändern; wird abnehmen. Sie lesen richtig: ABNEHMEN!

Vielleicht sind Sie ja von Ihrem Naturell her ein Mensch, der es vorzieht, gerne in Gesamtüberblicken zu leben, der es lieber hat, zuerst Zusammenhänge zu sehen oder gesagt zu bekommen. Dann könnte es bei Ihnen Probleme mit portionsgerechtem Einkaufen oder Kochen geben. Ja?

---

\* Reframing ist eine Technik aus dem NLP™. NLP ist eingetragenes Warenzeichen von Richard Bandler & Associates, California. Bei allen weiteren Nennungen innerhalb des Buches wird bei diesem Begriff auf das Warenzeichensymbol verzichtet.

Gut. Sie lernen ja bereits, bei Bedarf eine Detailistin oder ein Detailist zu sein. Konkret für Ihren Einkauf bedeutet dies, daß Sie sehr genau die Folgen abschätzen können, die eine maßlose Überversorgung in sich birgt.

Zurück zum effektiven Einsatz Ihres Bewegungsankers: jede Weggebe-Bewegung, jedes Kicken oder Schwingen der Arme ist für Sie mit dem kraftvollen Erleichterungsgefühl verbunden. Es ist zusammengelegt - *geankert* - auf jene Abläufe.

Ihr Körpergedächtnis kennt inzwischen das Programm-Muster und reagiert entsprechend positiv. Man kann auch von einer *Konditionierung* sprechen.

Sie müssen wissen, daß unser Unterbewußtsein - aber auch das Bewußtsein - mit dem Körpergedächtnis eng in Verbindung stehen. Auf Ihr Programm hier bezogen bedeutet das, daß Körperbewegungen, gekoppelt mit einer besonderen intensiven Emotion, eine entsprechende Reaktion hervorrufen, bzw. bei Wiederholung ein Programm oder ein Muster anlegen. Hierbei spielt es keine große Rolle, ob Sie den Vorgang real oder mental durchlaufen. Sicherlich ist aber ein wiederholter realer Ablauf notwendig, um von einer *Selbst-Programmierung* zu sprechen. Also: Bewegung oder Berührung (K) mit gleichzeitiger, bestärkender, mentaler Emotion (K-plus) starten ein Programm.

Wann immer Sie diese Bewegung ausführen, werden Sie, wenn Ihr Power-Anker entsprechend intensiv ist, dieses Gefühl der Stärke, des Erfolges oder der guten Leistung erleben.

Wenn Sie dieses Gefühl in Ihrem Alltag häufig erleben möchten, sei es mit Vorgesetzten, Kollegen oder Partnern, dann wissen Sie jetzt, wie Sie sich durch gemäße Bewegungen - real oder mental rückerinnert - hineinbringen können in einen **Zustand der Stärke. Ihre Erscheinung wird optimistisch sein.**

Ihre interne Biochemie setzt günstiges *Dopamin* frei, wie seinerzeit beim Installieren des Ankers, als in Ihrem Körper Frohgefühl entstand. Nicht nur, daß Sie durch Ihre Körperhaltung oder das Wiederaufrufen der Übungen automatisch in diesen Zustand kommen; auch Ihre Steuerzentralen im Körper arbeiten wie damals. Durch Ihre Selbst-Programmierung auf gute und starke Los-Gefühle - verbunden mit gleichzeitigen Handlungen - haben Sie einen Power-Anker, den Sie jederzeit und nach Bedarf selbst auslösen können.

Und umgekehrt: erleben Sie sich zum Beispiel das nächste Mal beim Tennis. **Sie werden direkt viel reichere Empfindungen der Stärke und Leichtigkeit erfahren.**

So, **Sie wissen jetzt, wie Sie sich schnell mit wenigen mentalen und realen „Kniffen" in eine sehr vielversprechende Handlungsbereitschaft bringen können.**
**Sie sind pro-aktiv und voller Erwartungsfreude auf MEHR für SICH SELBST!**

Und noch ein (weiterer) Bewegungs-Auftrag für Ihr heutiges Programm: suchen Sie sich einen Platz in Ihrer Wohnung oder vielleicht auch draußen im Garten oder im Park und denken Sie an die „Weggebe-Dinge". Nehmen Sie diese mental und machen Sie dazu eine reale Kickbewegung **von sich ... weg**.

Lassen Sie in dieser Übung bitte das mentale Hinhören auf eventuelle Fallgeräusche aus. Sie werfen die Dinge in ein geräuschloses Vakuum. Sie können nur SICH hören!

**Kicken Sie, werfen Sie, schwingen Sie mit Ihren Armen und schleudern Sie die Dinge so weit wie möglich weg.**

Atmen Sie dabei mit jeder Bewegung kräftig aus, stoßen Sie das „Jahhh!!" aus oder ein „Weg!" und atmen Sie dabei bewußt und intensiv; kicken Sie, rufen oder brüllen Sie und ahmen Sie mental die Situation vor, in der Sie Dinge verschenken. Spüren Sie dabei die Gewichte der Dinge, die Körperlichkeit, und freuen Sie sich herzlich, diese Dinge los zu sein!

Machen Sie real die Gebe-Bewegung, packen Sie noch einiges vorher hübsch ein, ob jetzt mental oder gleich real.

Nehmen Sie sich dabei zuerst die leichten und dann die schweren Gegenstände oder gehen Sie nach „G-O-K-A-V" vor. Finden Sie für sich eine interessante und attraktive Sortier-Strategie. Wichtig ist auf jeden Fall folgendes: Sie werden bei jeder Weggebe-Bewegung - unterstützt durch Ihre intensive und kraftvolle Atmung und das begleitende Rufen - Ihren Power-Anker, Ihr Gefühl des Starkseins und der guten Leistung augenblicklich erleben.

Also achten Sie beim Bewegen auf das Gefühl, lassen Sie es sich ausbreiten und fühlen Sie sich nach der Übung richtig freudig und energievoll gefordert. Sie sind jetzt fit, die Dinge in der Tat hinauszutragen, soweit es von der Größe oder auch von der Müllsortierung her geht.

Packen Sie real die Dinge in Tüten, Kartons und weg damit.... ! Achten Sie immer auf Ihren Power-Anker! Spüren Sie dabei die Lust der Bewegung des **Weggebens**, **Wegwerfens** oder **Loslassens** ... des **Freiwerdens**, **Freiseins**... !

Und noch ein Hinweis: hören Sie ab heute die Musik von Jean Michel Jarre. Sie ist lebhaft, pulsierend, fröhlich und Sie werden dabei bemerken, wie Sie sich zu ihr bewegen; wie Sie diese Spannung aufnehmen und sofort diesen schnellen Musiktakt in sich vibrieren lassen.

Erinnern Sie sich bitte: Musik, Takt und Rhythmus über das Ohr aufgenommen, haben direkte Auswirkungen auf den Gehirntakt und auf den Stoffwechsel. Schnelle, lebhafte und angenehm rhythmische Musik wird Ihnen helfen, sich den ganzen Tag lebhafter, stärker und energievoller zu fühlen. Waren Sie einmal in der Karibik, dann haben Sie es selbst erfahren: dort kann die Calypso-Musik eine aktive und prickelnde Beweglichkeit, quasi eine Pro-Aktivität, auslösen, wohingegen langsamer

Blues oder Raggae zu einem mentalen *Laissez-faire-Verhalten* führen können - oder auch nicht!

Wie sind Ihre Musikvorlieben? Überdenken Sie die Wirkung auf Ihr Denken und Handeln. Stöbern Sie heute oder morgen einmal in Musikabteilungen, besorgen Sie sich z.B. „Jarre" fürs erste und hören Sie ganz oft diesen Sound ... und vielleicht tanzen Sie dazu.

Es ist **Ihr** Programm, an dem **Sie gerade aktiv dabei sind!**

Hören Sie deshalb taktreiche Musik. Dirigieren Sie **schwungvoll und lebhaft** dazu, wenn es klassische Konzerte sind.

Darum stellen Sie sich im Zimmer

**mit beiden Füßen fest auf dem Boden hin, atmen Sie dabei tief und lassen Sie Ihren Power-Anker kommen.**

Na... breitet er sich schon aus? **Und jetzt fassen Sie einen tatsächlichen oder mentalen Taktstock und dirigieren Sie zur Musik, übertreiben Sie ruhig, es ist IHR Programm!**

**SIE sind dabei,** auch mit dieser Übung **IHRE Selbstmotivation zu programmieren.**

Also seien **Sie drangvoll, „tobig" und spüren Sie, wie Ihr Körper sich über diesen „Ausgang" freut!**

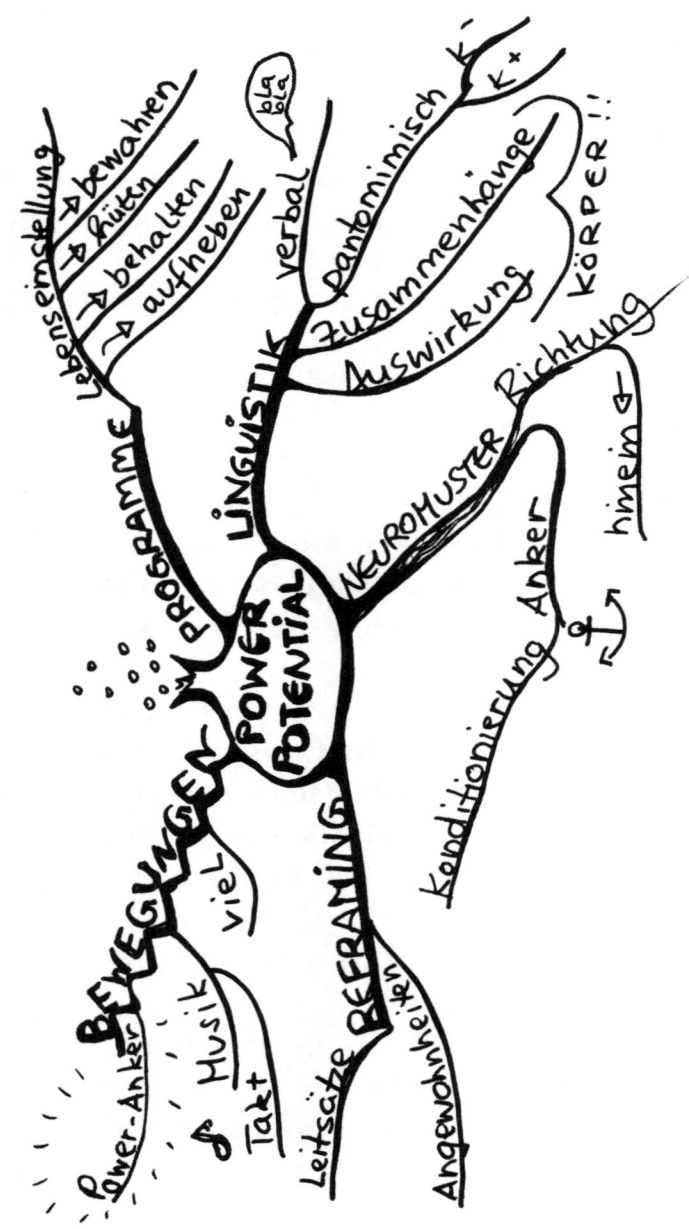

**IHR IDEEN-POOL**

# 5. K-plus: Mental Power

Hallo, herzlich willkommen! Ich hoffe, Sie sind weiterhin voller Elan und Neugier, wieder viel für SICH zu tun!

Wir machen einen kleinen Zwischenstop auf dieser Sinnesreise - Tour des Senses - durch Ihr „Power-Programm". Sie werden bemerkt haben, daß die vorherigen Kapitel jeweils einen Sinneskanal bevorzugt ansprachen und daß sich die Themen überwiegend auf Techniken und Denkrichtungen bezogen, die eine wirksame Reduktion von Ballast, Überfluß oder Langsamkeit bewirken.

In den einzelnen Kapiteln erfuhren Sie sowohl links- als auch rechtshirnig theoretische und praktische Hinweise, Zusammenhänge oder Trainingsangebote, die Sie sicherlich in ihr Programm aufnahmen und durchführten.

**Wer außer Ihnen soll denn**
**IHR**
**Power-Programm**
**durchführen ... wenn nicht SIE !!!!!**

Sie haben zu diesem Zeitpunkt - und das darf ich mir gestatten, mit Respekt zu behaupten - eine weitere Ebene und Entwicklungsstufe Ihrer Erfolgs-Programmierung erreicht! Gratulation und Achtung!

Diese Ebene zeichnet sich durch einen großen Zuwachs an Sinnes-Qualität, einer geschärften Aufmerksamkeit sich und der Umwelt gegenüber aus oder einer neuen Lebhaftigkeit (additiver Zuwachs). Sie beinhaltet zusätzlich eine neue, auf Verringerung bedachte Erweiterung!

Mir ist bewußt, daß sich das sehr „quer" anhört. Lesen Sie einfach weiter! Wahrscheinlich haben Sie eine Intention dieses Buches längst durchschaut und längst für sich realisiert! Nun, eine kleine Gedankenpause wird uns gut tun, die wir nutzen, um einige Vermutungen und Beobachtungen zu sortieren, bzw. sie in neuen Zusammenhängen wiederzuerkennen.

Denken Sie bitte an Ihr Mind Map der fünfzig Dinge. Nehmen Sie es und befestigen Sie es an einer Wand oberhalb Ihrer Kopfhöhe.

Schauen Sie es sich noch einmal real an, schließen Sie jetzt die Augen und erinnern Sie vor Ihrem Inneren Auge das Gesamt-Map. Gut. Jetzt beginnen Sie einmal sofort eine Neu-Sortierung.

Pro Zimmer teilen Sie die Dinge in *VAKOG-Dinge* ein. In welchem Zimmer sind mehr visuelle Dinge des Weggebens, in welchem mehr auditive oder kinästhetische, olfaktorische oder gustatorische?

Nehmen Sie darum ein neues Blatt und ordnen Sie die Dinge neu: jetzt nach Zimmern, Räumen oder Bereichen: auf ein neues Mind Map. Geben Sie sich ca. 120 Sekunden dafür. Vielleicht sind Sie dieses Mal noch bildlicher in der Darstellung.

Und: sollten Sie heute weitere Dinge bei sich oder an sich entdeckt oder beobachtet haben, die Sie belasten oder die Sie jetzt ganz aktuell nicht mehr benötigen, dann zögern Sie nicht, diese aus Ihrem unmittelbaren Lebensraum loszuwerden.

Schreiben und zeichnen Sie aber vorher die Dinge in das Mind Map. Am besten mit einer anderen Tages-Farbe. Haben Sie morgen Ergänzungen, dann wieder in einer anderen Farbe.

Kommt Ihnen auch gerade der Quergedanke zu einem Tagebuch? Genau!!! Dies ist ein Tagebuch, bzw. Protokoll-Map Ihrer Aktion, Ihres Programmes.

Sie werden die Etappen durch Farbwechsel kennzeichnen, zum Beispiel: türkis war am zweiten Tag, orange am sechsten. Ihr Mind Map weitet sich aus und in den Darstellungen finden Sie - nur für **Sie** spürbar - auch die Augenblicke, die Momente des **Power-Ankers** wieder; **Ihres K-plus**.

Sie kennen vielleicht die Tradition der Stickbilder. Brautpaare bekamen sie in früheren Zeiten zur Vermählung. Die Stickfrauen erzählten dem jungen Paar, daß mit jedem Muster ein guter und freudiger Gedanke miteingewoben wurde.

Beim Mind Mapping werden Sie es auch erleben. Ihr jeweiliger starker und freudiger, emotionaler Zustand des Freiwerdens ist mit eingearbeitet. Testen Sie es!

Zeitgleiche Gefühle oder Körperempfindungen, die im Augenblick des „mappens" vorhanden sind, fixieren sich im Schlüsselwort oder in der graphischen Gestaltung.

Der Prozeß einer Informationsreduktion, d.h. Erleben, zusammengefaßt in einem Wort, auf ein gut gewähltes Wort, ist wohl die interessanteste zeitgenössische Attraktion des Mind Mappings. Sie wählen für viele Gedanken, Abläufe oder Daten ein Wort, ein Kürzel oder ein Superzeichen, das präzise die gesamten Gedanken, Abläufe oder Daten beinhaltet; unter sich und in sich vereint.

Also auch im umgekehrten Prozeß: ein Schlüsselwort öffnet entsprechende Assoziationsnetze, legt diese frei oder aber verschließt sie im umgekehrten Fall. Zum Beispiel reicht oftmals ein Wort aus, um Unmengen von Daten ins Gedächtnis zu rufen, bzw. um reichhaltiges Gedankengut wieder aufleben zu lassen, inklusive der sinnbezogenen Wahrnehmungen von einst.

Diese wichtige Erkenntnis zu wissen und sie bewußt zu nutzen, ist ein weiteres Geheimnis für Ihre Erfolgsprogrammierung.

Beginnen Sie sogleich, bei jeder nur denkbaren Gelegenheit, die Dynamik in Ihrer Denkpräzision zu trainieren. Das bedeutet im einzelnen:

**1.** Sie finden Schlüsselwörter - Oberbegriffe - für größere gedankliche oder sprachliche Abschnitte, wobei die Wortwahl durch Prägnanz und Eindeutigkeit ausgezeichnet sein muß. Bedenken Sie bitte dabei, daß Sie auch noch nach langer Zeit genau unter diesem Wort auch die identischen „Subinhalte" erinnern oder assoziieren sollen.

**2.** Sie spielen so oft als möglich die logischen Ge-
danken-Hierarchien durch. Die jeweiligen Begriffe
sind zugleich Oberbegriff als auch Unterbegriff. Nach
oben hin kann die »Materie« ein letztes Wort sein,
nach unten aber auch (Beispiel: »Hausrat«)!

Nutzen Sie ab jetzt bewußter die Speicherkraft Ihres
Körpergedächtnisses und Ihres Gehirns. Die Erlebnisse,
Fakten, Erinnerungen oder Gefühle wiegen nicht,
nehmen keinen realen Platz weg oder belasten Ihre
*neuronale Software* nicht im geringsten. Sie nutzen
dadurch einen weiteren, großen Vorteil: Sie haben stets
Zugriff auf die Informationen, bzw. Sie schleppen keine
realen Daten-Archive mit sich herum, keine Bildspeicher-
oder Klangmedien. Sind das nicht befreiende Aussichten
für Ihre Selbst-Organisation?
  **Frei sein von ... ! Unabhängig durch ... !**
Schreiben Sie jetzt bitte so viele Bereiche Ihres
Denkens und der Denkarbeit auf, in denen Sie sehr häufig
oder immer eine für Sie unbefriedigende Denkleistung
erleben. Das kann zum Beispiel das Stichwort „Namens-
gedächtnis" sein oder „Gesichter merken", mangelndes
Erinnern an Daten aus Textwerken oder aber ein allge-
meines Vergessen von Dingen, Gehörtem oder Erlebtem.
Kennen Sie so etwas? Bitte so viel als möglich aufschreiben:

- ...........................................................................
- ...........................................................................

Ordnen Sie die genannten Bereiche den Sinnen zu, die dabei am meisten gefordert werden. Also der Sehsinn (V) wird aktiv gefordert für das Gesichtergedächtnis, der Hörsinn (A) gehört zum Merken und Erinnern von Namen, Tontexten oder Melodien, und Ihren kinästhetischen Sinn (K) des Fühlens von Körperempfindungen und Stimmungen benutzen Sie überwiegend beim Lern-Handeln, wenn Sie „lernen durch Tun". Geruch (O) und Geschmack (G) haben eine Priorität in den Situationen des Speicherns und Erinnerns von entsprechenden Daten für Nase, Zunge und Gaumen.

Welche Bereiche nennen Sie vorrangig:

V?

A?

K?

O?

G?

Erkennen Sie bereits hier eine Bevorzugung oder Vernachlässigung Ihres sinnhaften Umganges mit Informationen?

Gehen Sie jetzt bitte zu Ihrem Bücherschrank oder dem Bücherregal und nehmen Sie die Farbigkeit, die Aufteilung, die Menge oder die Sortierung wahr. Lesen Sie bitte die Titel auf den Buchrücken, neigen Sie dazu eventuell Ihren Kopf zur Seite und gehen Sie einen Schritt zurück. Überschauen Sie einmal ganz schnell die Titel und stellen Sie dabei für sich fest, welche Sie davon regelmäßig lesen, welche davon Sie gelegentlich herausnehmen und welche Sie vielleicht nur einmal gelesen haben, bzw. gar nicht.

Sie ahnen meine Aufgabe: Sortieren Sie für sich, welche Bücher für Sie von extremer Wichtigkeit sind und überlegen Sie dabei jedes Mal auch Ihre Lesequote. Ist „wichtig" gleichbedeutend mit regelmäßiger Lesetätigkeit? »Welche Bücher besitze ich aus Gründen einer Mode oder einer früheren aktuellen Notwendigkeit?« Und auch hier überlegen: »Haben diese Bücher für mich - hier und heute in der Gegenwart - eine Relevanz, auch im Zuge meiner von mir bereits begonnenen Selbstprogrammierung?« »Welche Bücher haben einen für mich nostalgischen Wert, welche einen dekorativen?« Sortieren Sie heute Ihre Literatur nach diesen Bewertungen und Kriterien. Sortieren Sie neu und entsorgen Sie sich von den Titeln, die absolut unwichtig sind. Begründen Sie für sich diese Entscheidung.

Vollführen Sie erst dann die Wegwerf-Bewegung (real oder mental), **atmen Sie dabei befreit auf** und freuen Sie sich auf Book-Mapping!

Überblicken Sie nun bitte die Bestandsaufnahme (der neuen Art) Ihres Buchinventars. Gehen Sie zu dem Bücherstapel, der von Ihnen als „nicht wichtig" und als „nicht mehr attraktiv" qualifiziert wurde.

Nehmen Sie jeweils jedes Buch bewußt in Ihre Hände, befühlen Sie die Oberfläche, die Buchseiten, biegen Sie das Buch leicht oder blättern Sie die Seiten im Schnellauf durch. Spüren Sie dabei einen Lufthauch? Gibt es da einen typischen Geruch von Druckpapier, Staub oder anderem? Wie schwer ist das Buch? Schätzen Sie das Gewicht. Achten Sie auf das Geräusch, das entsteht, wenn Sie in dem Buch blättern oder es öffnen. Klopfen Sie ganz leicht auf den Buchdeckel. Wie klingt es? Und betrachten Sie ganz neugierig die graphische Gestaltung des Außendeckels, die Vorder- und Rückseite, sowie den Buchrücken.

Wie sind die Farben zusammengestellt? Welche Farbe sehen Sie zuerst? Ist Ihre Lieblingsfarbe dabei? Sehen Sie ein gegenständliches Motiv oder nur Schrift? Ein Foto oder eine Collage? Oder nur Farbe und wenig Schrift? Und welche Schrift ist es? Sind die Buchstaben klein oder groß? Wie sind die Farben und die Schrift kombiniert?

Analysieren Sie sehr intensiv, sinn-voll, jedes Buch auf diese Weise. Sie regen Ihr Gehirn vielsinnig an und die Wahrscheinlichkeit, daß Sie Bücher - aber auch andere Dinge - vom Sehen, Hören und Fühlen her erinnern, ist um ein Vielfaches gestiegen. Gestiegen um die vielen Sinnesmarkierungen für Ihr Gedächtnis, das diverse Sinnesmarkierungen benötigt zum Speichern, Verarbeiten und Erinnern. Wie anders soll sonst das Gedächtnis funktionieren, wenn nicht durch Inputs über unsere Sinne!

Finden Sie für jedes Buch ein Schlüsselwort für Ihre künftige Erinnerung, bzw. kürzeln Sie den Inhalt in Form eines Mini-Mind Maps. Das heißt, Sie notieren sich als Gedankenstütze ganz knapp den Inhalt und wichtige Eckdaten.

Wenn Sie vor einigen Seiten von sich meinten, daß Sie sich sehr schlecht Gesichter merken können, dann könnte das an einer zu kurzen und oberflächlichen Wahrnehmung von Menschen liegen. Sie blicken sie nur an (!) - als Big Picture - und widmen sich nicht bewußt und unbewußt den Details. Vielleicht sind Sie mehr oder weniger auditiv orientiert, dann ist Ihre Stärke das Erinnern der Namen. Na, ... stimmt es?

Oder aber Sie merken sich fabelhaft Gesichter; nur die Namen dazu fehlen. Dann sind Sie wohl eher den visuellen Wahrnehmungstypen zuzuordnen. Sie können alles real und mental in leuchtenden Farben darstellen oder erinnern.

Oder Sie vergessen und verlieren viele Dinge. Dann kann es vielleicht daher kommen, daß Sie es lieben, lange Passagen des Tages mit sich selbst zu sprechen. Vermutlich bemerken Sie es gar nicht. Sie sind dann mit sich im sogenannten „Inneren Dialog", das heißt, daß Außendaten der visuellen, auditiven, kinästhetischen, olfaktorischen und gustatorischen Welt von Ihnen sehr unvollkommen empfangen werden können. In der Zeit der Inneren Selbstgespräche sind die *Inputkanäle* quasi belegt, minimal geöffnet oder es werden nur unbewußt die Daten empfangen.

Sie verlieren deshalb schnell die Kontrolle über Ihre Wahrnehmungsbreite und sind in Ihren Reaktionen auf die Umwelt sehr langsam. Ihr Gehirn schaltet, wenn Sie längere Zeit im Inneren Dialog sind, in den sehr langsamen Denktakt. Ihre Blickrichtung geht vornehmlich nach unten - wie jetzt gerade beim Lesen und sonst beim Schreiben, bei der Bildschirmarbeit oder anderen *„Untenflächen-Arbeiten "*.

Erinnern Sie sich bitte an das, was ich über die fatale Wirkung dieser Augenbewegungsrichtung auf unsere Zentren des Essens und Trinkens sagte: Sie werden nicht nur langsam, sondern auch gierig auf Nahrung!
Die Auswirkung dieser Augenbewegungsrichtungen auf Ihre Denk- und Gedächtnistätigkeit ist vernichtend: Sie haben extrem wenige Sinnesmarkierungen nach VAKOG vorgenommen, um Situationen, Vorgänge oder Dinge zu (be-)merken. Wie kann das Gedächtnis aus spärlichen Daten merkvolle Informationen oder Zusammenhänge schaffen? Es „hängt durch" und die knapp wahrgenommenen, kargen „Nicht-Informationen" landen auf der großen Halde der Nicht-Identifizierbaren-Fakten - **NIKs!**

Okay, Sie werden ab heute - und das ist meine Herausforderung an SIE - die von Ihnen noch nie gesehenen Mitmenschen, zum Beipiel auf dem Fernsehschirm, genau be(ob)achten (V). Ein weiterer Schritt für heute: hören Sie bewußt auf die Stimmen der Personen, achten Sie auf Lautstärke, Volumen, Mundart, Artikulation und Dialekt. Schaffen Sie sich viele auditive Sinneseindrücke. Schreiben Sie die neuen Wahrnehmungen und Beobachtungen in ein neues Mind Map (nach V-A-K-O-G sortiert). Merken Sie sich auch die Anzahl der

Namen, die Sie heute gehört haben. Schreiben Sie sie ebenfalls auf und zeichnen Sie parallel dazu kleine Superzeichen, Bilder oder Bildkürzel, die Sie mit den Namen, bzw. den Personen verknüpfen.

- Was haben SIE durch die soeben erfahrenen Prozesse für sich gewonnen? Nennen Sie sich bitte zehn Vorteile.
- Sagen Sie sich laut, wie Sie ab sofort mit diesem Wissen umgehen werden, was alles anders sein wird.
- In welchen konkreten Situationen werden Sie die neuen Fähigkeiten zu nutzen wissen?
- Steigen Sie einmal hinein in die Zukunft, sei sie demnächst oder etwas später... .
- Was empfinden Sie dabei für sich? An sich? In sich? Wo genau sitzt das Gefühl der Sicherheit?
- Und wie genau merken Sie, daß dieses Gefühl aus einer (anderen) neuen Sicherheit heraus kommt?

Die Sicherheit, die vielleicht einst aus dinglicher Bevorratung oder Bereitstellung entsprang, ist ersetzt oder bereichert durch eine Sicherheit**kompetenz** Ihrer eigenen Handlungs- und Denkautonomie, des zuversichtlichen Wissens um Selbststeuerung!

**Atmen Sie voller Tatendrang ganz tief ein, ... lassen Sie Ihren Power-Anker kommen ... und sagen Sie sich dieses Mal ein lautes und betontes: „Genau!"**

Es könnte sein, daß Sie sich gerade fragen, was das alles mit den oben erwähnten Stickbildern, dem Ankern oder einer Denkeffizienz zu tun hat.

Okay! Sie erfahren hiermit nichts anderes, als wie Sie sich selbst erfolgreich managen können! Nämlich, indem Sie „nur" realisieren, daß Sie zeit- und energie-effektiv denkhandeln können, wenn Sie gedanklich und real die „Hohe Kunst der Reduktion und der Minimierung" pflegen. Ihr Gedächtnis braucht nicht vollausgeformte Langtexte zu speichern. Es begnügt sich viel lieber mit „kernigen" und prägnanten Schlüsselbegriffen. Unter diesen sind dann die weiteren Daten abgelegt - wie in Ordnern und auf Abruf. Das ist im Grunde die Essenz des Mind Mappings. Wenn Sie es anfangs ausführlich trainieren und die Philosophie, die dahinter steht, verstehen und verinnerlicht haben, dann können Sie sehr bald **innerhalb von weniger Zeit mehr denken und erinnern.**

Na, das ist zeitgemäß, oder?!

Parallel dazu verläuft Ihre Erkennung des wachsenden Trends einer geforderten „Neuen Unabhängigkeit" von der allgemein immer größer werdenden Abhängigkeit von Speichermedien oder von beengendem Besitztum.

Sie werden jetzt vielleicht Zusammenhänge zu den vorher gegebenen Empfehlungen erkennen, die besagen, daß **Ihre** Stärke in

**Ihrer persönlichen Integrität und
Gesundheit liegt und in Ihrer indi-
viduellen Autonomie, zuzüglich
der gedanklichen Autarkie.**

Das bedeutet im Detail:

**1.** Sie verbinden mehr und mehr Lust am Loslassen und Loswerden von situativem Überfluß. Daraus folgt für Sie eine Neubewertung der Qualität, die einen höheren Stellenwert besitzt als Quantität! Die kommende Zukunftsökologie - sei sie geistig oder materiell - macht eine solche Umbewertung notwendig und Sie sind bereits dabei!

**2.** Sie nehmen sinnreich - real und mental - sämtliche Lebensprozesse wahr. Der Gewinn ist unbezahlbar, denn Sie sind dadurch in der Lage, Genuß des mentalen Bereiches hoch zu schätzen. Auf diese Weise zum Beispiel eingespartes Geld setzen Sie vermehrt ein, Ihre mentalen Ressourcen vielleicht in Seminaren oder durch neue Literatur auszubauen und neu zu entdecken.

**3.** Die Speicherung all dessen geschieht auf eine gehirneffektive Art und Weise, zum Beispiel durch Mind Maps.

**4.** Sie sind fähig, sich selbst effektiv und bedarfsgerecht zu organisieren. Sie vermögen Ihr Verhalten zu steuern, bzw. pro-aktiv vorzugehen und zu planen. Der Power-Anker, das K-plus, entsprechende Atmung oder sinnvolle Ernährung bieten Ihnen dabei eine wertvolle Unterstützung.

Glaubten Sie früher vielleicht durch Bevorratung, materiellen Überfluß oder figürliche Vorratspfunde „gewappnet" zu sein für die täglichen Unvorhersehbarkeiten des Lebens, so können Sie bereits jetzt von sich behaupten, daß jenes Verhaltensschema in keinster Weise (damals) die gewünschte Flexibilität oder Entlastung brachte, sondern sich eher zu einem zwanghaften Selbstzweck verselbständigte.

**Wie wunderbar erfrischend und hoffnungsfroh sind dagegen Ihre neuen Erfahrungen mit SICH, mit Ihrem Können, mit den großen Kapazitäten, die SIE vielleicht nach langer Zeit wieder entdecken. SIE sind auf Ihrem Weg zu Ihrem puren und reichen SELBST!!!!**

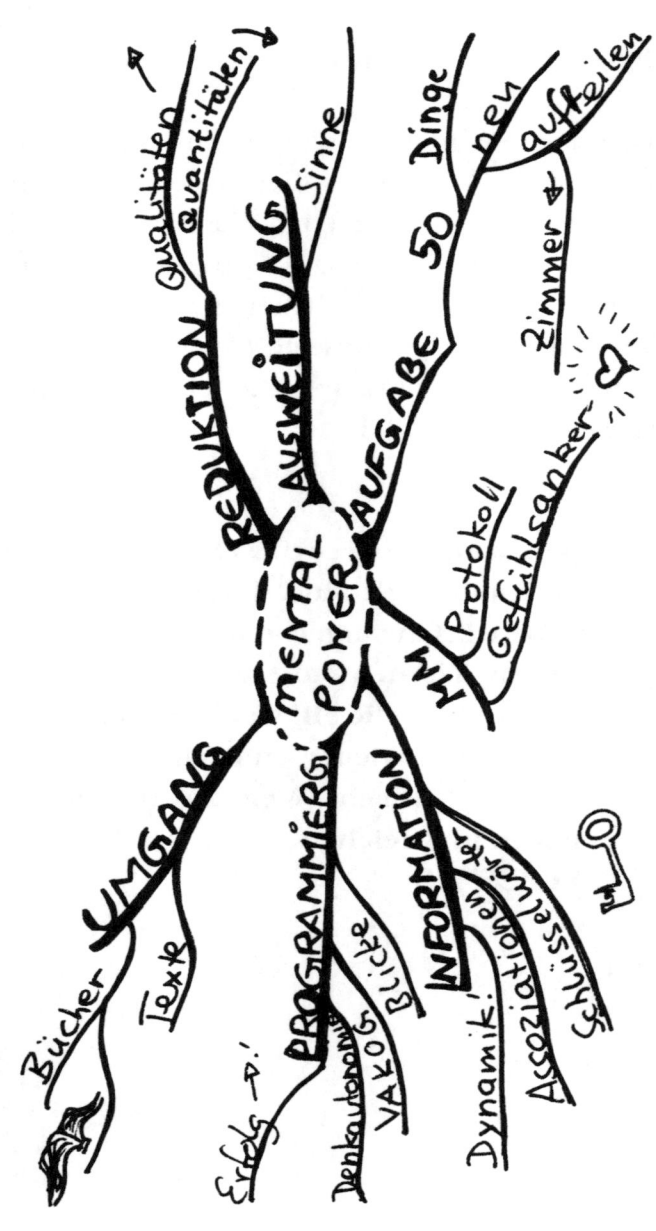

# IHR IDEEN-POOL

# 6. K-plus: Power Spot

Bravo, Sie sind, wenn Sie bisher alles mitgemacht haben und sich Ihr Erfolg in einem mittlerweile starken Power-Anker spüren läßt, weitaus entschlußfreudiger geworden, als Sie es vielleicht noch vor sieben Tagen waren.

Ihre mentalen Fähigkeiten einer strukturierten und „sauberen" Wahrnehmung nehmen merklich zu. Sie haben bestimmt eine neue Wachheit für das differenzierte Sinnen nach VAKOG und haben sogar schon für sich selbst bemerkt, mit welchem Sinnesorgan Sie am liebsten Ihre Eindrücke der Umwelt aufnehmen.

Wenn noch nicht, dann besteht die Aufgabe für Sie darin, sich selbst und Ihre Entscheidungen bewußt zu kontrollieren. In welchen Bereichen Ihres Lebens haben visuelle Merkmale für Sie eine primäre Bedeutung? Wann sind es auditive, wann kinästhetische und wann olfaktorisch-gustatorische? Richten Sie sich generell zuerst nach dem Aussehen - auch bei Mitmenschen - oder darf es der Ton, der Klang oder das Geräusch sein? Achten Sie auf Gefühlseingebungen in Entscheidungen oder lassen Sie sich von Düften, Aromen und Geschmackswahrnehmungen leiten?

Sie bemerken ferner an sich und mit sich, wie Sie sinnreicher und sinnvoller die Welt erleben. Also bleiben Sie bitte dabei, sich täglich zu beobachten und darüber hinaus Ihre Angehörigen oder Kollegen und Freunde.

Na, gibt es Unterschiede? Sicherlich! Auch innerhalb von Familien gibt es charakteristische Typen: er ist vielleicht vorwiegend visuell und sie überwiegend kinästhetisch. Daß es dabei zu gelegentlichen oder sogar häufigen unterschiedlichen Erwartungen kommt, ist erklärlich.

Für heute gibt es den folgenden Spaß für Sie: nehmen Sie sich bitte ein neues Blatt Papier und zeichnen Sie in die Mitte einen Kern. In diesen Kern schreiben Sie : »Mein Innerer Rückzugsort« . Ja, Sie haben richtig gelesen: Sie gestalten sich Ihren inneren, geheimen Ort, zu dem nur **SIE Zutritt** haben.

Anfangs wird er mehr oder weniger mental sein. Es ist auch nicht auszuschließen, daß Sie im Laufe der Zeit damit anfangen, sich einen realen Ort nach Ihren Vorstellungen einzurichten. Nun, wie machen Sie es, jetzt?

Sehen Sie wieder fünf Zweige vor, gleichmäßig um den Kern verteilt, und schreiben Sie V, A, K, O und G auf jede Linie. Und nun setzen und zeichnen Sie pro Bereich all die Dinge ein, von denen Sie glauben oder wissen, daß sie Ihnen gut tun - aber bitte wieder in Hinblick auf Ihr Erfolgs-Programm!

Und auch bei dieser Aufgabe spielt Geld keine reale Rolle. Finanzielle Realitäten sind hier nicht von Belang, sondern könnten Ihre Kreativität verknappen durch Bemerkungen wie: »Kann ich mir doch gar nicht leisten«, oder »Wie soll ich das je bezahlen?« und »Dafür habe ich doch gar keinen Platz«.

Egal! Dieses hier ist **Ihr** mentales Meisterwerk und Sie sind **Ihre** eigene Architektin oder **Ihr** eigener Architekt für **Ihren** geheimen Ort, den jeder Mensch, ob jung oder alt haben muß.

Warum? Ganz einfach als einen geheimen Zufluchtsort, als Möglichkeit der Rekreation, des Auftankens oder des Tagträumens!

Kinder sind noch natürlich; sie leben sehr intensiv in Phantasien und legen sich damit eine Art der Regenerationsmöglichkeit zu. Später, und das wissen wir alle, verliert sich der natürliche Umgang mit dieser Realitätsebene und macht einem überwiegend - entwicklungsentsprechenden - *kognitiv* und logisch geprägten Realitätsbezug Platz (Lineare Realität).

Mit der jetzigen Übung schenken Sie sich die Chance, wieder - und dieses Mal bewußt und gereift - einen solchen Ort zu erschaffen. Bitte lassen Sie dieses Mind Map auch geheim, es soll niemanden etwas angehen: nur **SIE**!

Erinnern Sie sich bitte an die wenigen Regeln des Mind Mappings:

- die Zweige sind miteinander verbunden, sie berühren sich an den Vor-Zweigen.
- In guter Druckschrift schreiben Sie jeweils nur einen Begriff/ein Wort auf einen Zweig. Sie beachten dabei Ihre logische Denkhierarchie, das heißt,
- Sie gehen vom Kern, der Themen- und Blattmitte, von innen nach außen, vom Allgemeinen zum Speziellen.

Ein Beispiel dazu (auch im Anhang): der V-Zweig bekommt einen ersten Hauptast mit dem Oberbegriff »Natur«. Daran schließen sich Unterbegriffe wie: »Südsee«, »Palmenstrand«, »Hütte«, »Wärme«, »Sonne«, »Meer«, »Wellen«, »Strand«, »Pflanzen«, »tropische Früchte«, etc. an.

Was alles werden Sie (an visuell wahrnehmbaren Dingen) dort sehen? Wie sind die Farben? Tauchen Sie vieles in sonnige und lebhafte Tönungen. Welche Formen gibt es? Welche Muster bevorzugen Sie und wo werden Sie was plazieren? Um Sie herum? Zeichnen Sie vielleicht eine Skizze aus der Vogelperspektive dazu oder auf ein Extrablatt. Diejenigen, die gerne den Überblick haben (müssen), verstehen den Vorschlag. Wie sind die Lichtverhältnisse? Ist es Naturlicht oder gibt es andere Lichtquellen?

Und was wollen Sie dort am liebsten hören? Sind es schnelle oder langsame Rhythmen, bzw. Melodien? Gibt es typische Naturgeräusche? Sind alle Bereiche gleichmäßig beschallt oder gibt es Stellen, an denen Ruhe und Stille herrscht? Welches sind die Geräuschquellen? Nennen Sie die Musiktitel und die Komponisten, bzw. die Interpreten/Interpretinnen.

Was benötigen Sie an Dingen, die Ihre kinästhetischen Empfindungen erwecken? Aus welcher „Stofflichkeit" sind die Dinge? Welche Formmerkmale gibt es, wenn man die Dinge berührt, umfaßt? Gibt es tastbare Strukturen auf Oberflächen und welche Temperatur soll dort herrschen? Soll diese gleichmäßig sein? Haben Sie vor, auch andere spürbare „Elemente" wie Wind oder Wasser dort zu erleben? Und: sind sie natürlicher Herkunft oder müssen sie nachgeahmt oder künstlich erschaffen werden? Wie werden Sie wo und wann einen Platz haben, an dem Sie eine besondere Kraft und Stärke erleben oder spüren werden? Einen sogenannten *Power-Spot*? Achten Sie einmal darauf, daß Sie an dieser Stelle mit Bestimmtheit diese Kraft betont und bewußt nutzen, um dort Energie zu schöpfen, um dort tief und kräftig zu atmen. Vielleicht ist es eine Luft, die einen besonderen, würzigen Geruch hat oder in der sich verlockende Düfte vermischen!

Schreiben Sie dann auch auf, was Sie an riechbaren Dingen und Wahrnehmungen brauchen, seien es Duftwässerchen, Cremes oder natürliche Duftquellen. Wo genau befinden sich diese? In der Nähe oder mehr rechts? Oder über Ihnen? Was werden Sie dort an frischen und gesunden Nahrungsmitteln und Getränken bereithalten. Und hier der Hinweis von mir: denken Sie bitte an Ihr „Power-Programm". Überlegen Sie sehr genau, welche eß- und trinkbaren Dinge für diese, Ihre künftige Zeit von ungünstiger und regelrecht schadenzuführender Bedeutung sind.

Werfen Sie mental die Waren aus Ihrem Rückzugsort, die Vitaminkiller sind, wie zu viel Alkohol, Zigaretten oder Feinbrot, zuzüglich kunstzuckerhaltige Waren. Weiterhin Waren, die entweder „tote" Materie sind, wie Dosenessen oder trockene, wasserarme Lebensmittel.

Diese Dinge, die kaum oder gar nicht Wasser enthalten, führen in Ihrem Körper zu einer allmählichen und sicheren Übersäuerung und Vergiftung. Die Reaktionen des Körpers sind Stoffwechselkrankheiten wie Gicht oder Rheuma. Es kann aber auch letztendlich Krebs daraus werden.

Ihre Ernährung wird hier also zum größten Teil aus Nahrung bestehen, die sehr viel eigenes und reinstes Wasser enthält. Dazu gehören Obst, Früchte, Gemüse und echte, frisch erzeugte Säfte. Das Quellwasser hat eine kühle Temperatur. Und, Sie werden spätestens dort ein anderes Ernährungsverhalten durchführen!

Wie wollen Sie sich einen mentalen Ort der Erneuerung schaffen, wenn Ihr Essen und Trinken dermaßen ungünstig und körpermißachtend ist wie vielleicht jetzt noch in Ihrem Alltag? Unvorstellbar! Berücksichtigen Sie bitte, daß dort die paradiesischen Zustände ungetrübt bleiben. Lassen Sie das Industrieessen draußen. Beginnen Sie, mindestens dort und dann **für SICH NUR DAS BESTE zu wollen und zu tun.**

Aber: es liegt an **Ihnen**, an **Ihrem inneren Vermögen**, diesen normalen Luxus für sich zu etablieren.

JETZT!!!!

Bebildern Sie **Ihr** Mind Map so stark es geht. Schreib-Zeichnen Sie sich alle geheimen Wünsche von der Seele, die Sie schon lange haben. Geben Sie sie ins Mind Map und erleben Sie in sich die aufkommende Aufregung und vielleicht auch Unruhe, am liebsten dort hineinzusteigen, in die Szenerie Ihrer anderen Realität!

Also Sie schreiben und zeichnen jetzt zu allen fünf Sinnesbereichen so viele Dinge, Zutaten oder Merkmale, die Sie brauchen, um dort Ihre Zufriedenheit, Unbekümmertheit, Ruhe oder Entspannung, aber auch Stärke zu erleben und zu holen. Und bitte: lassen Sie in dieser Übung die Mitmenschen aus. **Es ist IHR geheimer Ort nur für SIE, an dem Sie nicht teilen oder erklären müssen**. Lassen Sie sich viel, viel Zeit für dieses Werk. Toben Sie in Ihrer Erinnerung, Phantasie oder Vision.

So, wenn Sie im Augenblick schon sehr neugierig sind, um das Mind Map zu schaffen oder zu ergänzen, dann möchte ich Sie nicht aufhalten.

Erinnern Sie sich: es ist das Mind Map Ihres inneren Rückzugsortes! Schenken Sie sich den heutigen Tag und vielleicht auch die Träume der Nacht, um Ihren geheimen Rückzugsort zu bauen.

## Sehr gut!

Sie haben gerade ein sehr wichtiges Instrument für sich geschaffen, das Ihnen von jetzt ab zur freien Verfügung steht, jederzeit im Alltag dem Streß oder ungünstigen Gefühlen und inneren Zuständen zu entfliehen.

Tagträumen Sie dorthin, wo Sie sich stärken und rekreieren werden. *Dissoziieren* Sie sich! Das heißt, daß Sie äußerlich an Ihrem realen Ort bleiben, sei es am

Schreibtisch, oder sonst irgend einem Alltagsplatz und träumen zu Ihrem Power-Spot hin. Aber bitte nie, wenn Sie Autofahren!!!!! Wandern Sie in Ihrer Phantasie hin zu IHREM Ort, der inzwischen bestimmt einen Namen hat oder ein Codewort. Während Sie dort mental voll „drin" sind (assoziiert), werden in Ihrem Körper erneut günstige Hormone produziert und ausgeschüttet, denn das Regenerationssystem unterscheidet nicht zwischen real erlebter Freude oder mentalem Genuß.

Das zu wissen und das zu nutzen, ist für Sie ab jetzt von allergrößter Bedeutung. Wenn Sie demnächst nicht in der realen Lage sein können, einfach „mal auszubrechen", wegzufahren oder sich zu verkriechen, dann verfügen Sie bitte über die mächtigen Ressourcen Ihres Langzeitgedächtnisses, in dem dieser Rückzugsort liegt!

Sie haben, unterstützt durch das Mind Map, eine ganzhirnige Darstellung dessen geschaffen, was beide Hirnbereiche besonders mögen. Sie aktivieren das logische Denken (linkshemisphärisch) mit Hilfe der „sauber" getrennten Aufstellungen der Dinge nach Sinnes-Kategorien. Sie gehen hierarchisch vor vom Allgemeinen zum Spezifischen, also vom Oberbegriff hin bis zur Einzelheit, zur kleinen Unternennung. Sie schreiben in sauberer Schrift und eine Linearität ist beibehalten: vom Kern ausgehend nach außen zu den Endzweigen.

Der Verarbeitungsstärke der rechten *Gehirnhemisphäre* ist entsprochen durch Symbole, Bildkürzel und Farben. Sie überlassen die Raumaufteilung auf dem Blatt

Ihrer Intuition. Sie wählen prägnante Wörter für die Dinge, die für **SIE** von Bedeutung sind. Diese Wörter erwecken in Ihnen Assoziationen und ganze Geschichten, die real niemals in der üblichen, sprachlichen Ausführlichkeit erscheinen müssen. IHNEN genügt das Wort als eine Art Superzeichen. Mit dessen Unterstützung wissen Sie, was hinter ihm steht oder wofür es steht.

Gestatten Sie sich gleich einige Zeit für sich alleine und versetzen Sie sich mental an Ihren Power-Spot. Genießen Sie sich mit allen Sinnen. Gebrauchen Sie diese ausgiebig, aber legen Sie auch (kleine) Hemmungen oder selbst auferlegte Verhaltenseinschränkungen ab. Probieren Sie einfach einmal, was Sie alles können, welche Ausdauer in Ihnen steckt oder wie laut Sie lachen können!

**Es ist IHR Ort, es sind IHRE Zeiten
... dort ... und es sind
SIE,
die oder der
dort
die neue Energie
schöpft!**

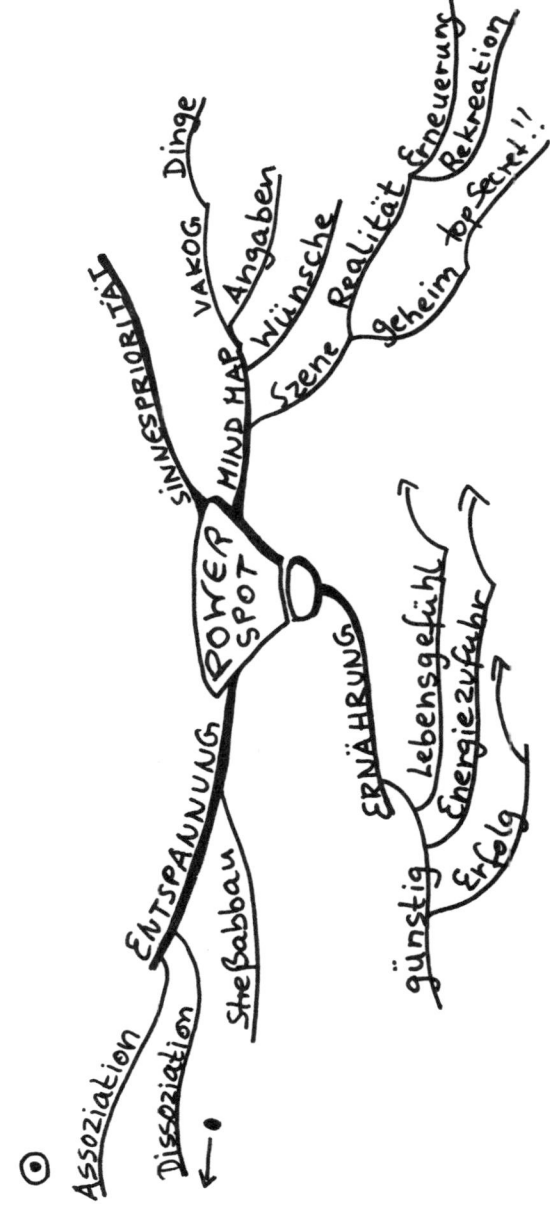

## IHR IDEEN-POOL

# 7. K-plus: Fit for Power

Und wieder willkommen! Schreiben Sie bitte heute auf, was Sie alles von den Dingen, die Sie gestern in Ihrem Mind Map nannten, bereits haben oder in kürzester Zukunft haben werden, sich (an-)schaffen oder erlauben. Sie erinnern sich: IHR innerer Rückzugsort! IHR „Power Spot" der Regeneration!

Vielleicht haben Sie Ihr Bild-Map vor Augen oder Sie erinnern sich noch alles ganz genau, als Sie aus dem zweidimensionalen Schriftstück einen (mentalen) 3-D-Raum schufen. Ja? Sehr gut!

Wenn nicht, dann entspannen Sie sich ein wenig, setzen Sie sich bequem hin, atmen Sie gleichmäßig und ruhig und lassen Sie den Ort Ihrer Rekreation in immer deutlicheren und klaren Farben vor Ihrem inneren Auge erscheinen. Treten Sie den Zugang über Ihre Sinneswelt an: denken, konstruieren oder träumen Sie bitte in

**V - A - K - O - G!**

Lenken Sie dabei real Ihre Augenbewegung nach oben, auch unter den Augenlidern, und sehen Sie sich alle Dinge des V-Bereiches an, die Sie gestern auswählten, damit Ihr Auge erfreut werde.

Wenn es vielleicht noch etwas zögerlich geht, dann nützt es, sich das Mind Map vorzuhalten, den jeweiligen Bereich eingehend zu betrachten und dann kurz die Augen zu schließen, um die Wörter und Symbole in der Bildübersetzung - gegenständlich - vor dem Inneren Auge zu sehen. Bitte bleiben Sie auch bei dieser Übung zuversichtlich. Manchmal bedarf es eines intensiven Trainings, um quasi auf Knopfdruck ein Bild für ein Wort zu sehen, bzw. daraus eine Szenerie zu arrangieren.

Können Sie sich mental kaum Farben oder Formen vorstellen, dann bitte immer weiter trainieren. Gelingen Ihnen die mentalen Spielereien schon recht gut, dann nehmen Sie die Merkmale des A-Bereichs dazu.

Hören Sie hin zu Ihrem Rückzugsort, achten Sie dort auf die Lautstärken und auch auf die Richtungen, aus der die Klänge, Geräusche oder Rhythmen kommen. Planen Sie auch bitte ein, daß Sie als Ihr(e) eigene(r) Ton-Ingenieur/In des eigenen Inneren „Kinos" alle Möglichkeiten haben, um die Ohrwahrnehmungen zu verändern und stets zu verschönern. Spüren Sie dann weiter zu Ihren Körperempfindungen, die Sie an diesem, Ihrem geheimen Ort erleben: Ihre Stimmung, aber auch das, was man auf der Haut spürt. Den Druck des Körpers auf einer Unterfläche, die Berührung von Kleidung oder die Temperatur der Luft oder des Wassers.

Und: kosten Sie ganz genüßlich, intensiv und bedächtigt - vielleicht - Früchte, Quell-Wasser oder Salate aus frischen, farbenfrohen und duftenden Nahrungsmitteln. Nehmen Sie die verschiedenen Sorten vorsichtig in die Hände, hören Sie auf einen typischen Klang - zum Beispiel den einer Kokosnuß -, spüren Sie das Gewicht, wiegen Sie die Sorte in der Hand und umfühlen Sie die Schalenoberfläche. Riechen Sie, halten Sie Ihre Nase direkt an die Frucht oder was immer es ist an köstlicher, frischer und energiespendender Nahrung. Schälen Sie bitte

die Haut oder öffnen Sie die Schale. Führen Sie ganz bewußt, dort an Ihrem Rückzugsort, die Nahrung in Richtung Mund, sehen Sie hinunter zu der sich nähernden
Hand und achten Sie auf die Farbigkeit der Nahrung. Riechen Sie das Aroma, „schnurren" Sie in freudiger Erwartung ein „MMMmmmh" und lassen Sie diesen Laut durch
Ihren Körper vibrieren.

Behalten Sie dabei immer noch die Nahrung in der
Hand; dieser Augen-Blick des „Sich-Nahrung-Zuführens"
ist extrem verlangsamt und Sie nehmen dadurch noch nie
erlebte Einzelheiten wahr! Sie sind innerlich gespannt
und neugierig auf den Geschmack, den Sie bereits irgendwie vermuten. Sie schlucken vielleicht und können
es kaum erwarten, in dieses Nahrungsgut zu beißen, es
zu kosten, sich daran zu laben, zu stärken oder zu erfri-
schen. Noch einen kurzen Augenblick! Sie atmen tief ein,
stehen dabei aufrecht und fest auf dem Boden und

**während Sie tief und kräftig voller
Erwartung einatmen, da spüren
Sie, wie dieser Einatem und die genaue Beobachtung des Essens - mit
so vielen Sinnesbereicherungen -
Ihnen ein Gefühl bereitet, es Ihnen
bereithält, wie sonst, wenn Sie Ihren Power-Anker erleben. Auch
jetzt erleben Sie die Freude, die
Wärme und das kräftige Gefühl eines Erfolges, des „Sich-Stärke-
Gebens"!**

Spüren Sie genußvoll hin, blicken Sie weiter auf das Nahrungsgut, fühlen Sie es, atmen Sie den Duft ein und setzen Sie vorsichtig Ihre Lippen und Zahnspitzen an, umkreisen Sie leicht mit Ihrer Zunge die Oberfläche, die Schale oder das Fruchtfleisch, und lassen Sie Ihre Zunge feststellen, um welchen Geschmack es sich handelt. Beißen Sie dann vorsichtig und vielleicht auch verspielt in das Nahrungsstück hinein und kauen Sie genüßlich und bewußt langsam die Nahrung in Ihrem Mund. Gewähren Sie dabei Ihrem Gaumen und der Zunge ganz viele Berührungen mit der Nahrung. Rollen Sie Ihre Zunge in Ihrem Mund, umfahren Sie den Gaumen, die Zähne. Und erst dann, wenn Sie extrem intensiv diesen einen Bissen vollsinnig und sogar sinnlich (!) erkundet haben, dann schlucken Sie die Nahrung bedächtig herunter. Vielleicht können Sie anfangs noch den Weg nachspüren oder welchen Geschmack sie hinterläßt.

**Phantastisch: Sie haben mit diesem einen Bissen neue und tiefe Geschmacks- und Eß-Sensationen erfahren.**

Mit einem Getränk, das bitte aus natürlicher und nicht zusammengestellter Synthetik besteht, verfahren Sie genauso.

Sie sehen das Trinkgefäß vor sich, Sie greifen langsam hin und heben es hoch; ganz behutsam zu Ihren Lippen. Und auch dabei bemerken Sie, wie die Farbe und Form des Gefäßes beschaffen ist. Sie sehen das Getränk darin, sehen vielleicht unterschiedlichen Schatteneinfall ... sehen die Oberfläche sich durch Ihre Bewegung spiegeln, und während Sie das Gefäß immer näher zu Ihren Lippen führen, nehmen Sie das Gewicht wahr. Sie spüren die Temperatur des Gefäßes oder des Getränkes darin. Sie können spüren, ob das Gefäß mehr glatt ist oder eine Oberflächenstruktur hat. Und jetzt vernehmen Sie auch bereits einen Duft des Getränkes. Sie führen das Gefäß an Ihre Lippen, wobei die unteren Lippen das Gefäß kräftig und sicher umfassen, und langsam, ganz langsam neigen Sie das Gefäß nach oben, und die Flüssigkeit des Getränkes benetzt Ihre Lippen und Ihre Zunge und Sie nehmen einen Schluck dieses kostbaren und energiespendenden Getränkes in sich auf. Sie spülen es langsam mit Ihrer Zunge und auch jetzt lassen Sie viele Gaumen- und Zungenberührungen zu. Sie schmecken, wie sich das Bouquet des Getränkes voll in Ihrem Mund ausbreitet. Sie seufzen beim Herunterschlucken genüßlich auf, bemerken voller Freude, daß der Geschmack auch hier ein Aroma beim Schlucken hinterläßt und mit dieser frohen Erkenntnis atmen Sie tief ein.

Ihr Gesicht ist dabei voll entspannt. Ihre Augen sind geschlossen und Sie ziehen frische und erquickende Luft intensiv durch Ihre Nase ein. Und auch dieses Mal bemerken Sie ... für sich ..., wie Sie das gute Gefühl von eben spüren können; wie es Ihnen hilft, sich stark zu fühlen.

Sie ahnen bereits jetzt, daß Sie eine weitere Möglichkeit für sich entdeckt haben, Stärke, Elan und den Power-

Anker auch auf weitere Art auszulösen, nämlich durch dieses Genießen von frischer und energiereicher „vollsinniger" Nahrung ... .Verstehen Sie jetzt die feinen Unterschiede zwischen „sich ernähren", „essen" und „speisen"? Gut!

Okay, nehmen Sie JETZT bitte allmählich Abschied von Ihrem geheimen Rekreationsort. Lassen Sie die Farben um Sie herum für heute verblassen, machen Sie mental sozusagen einen Schritt rückwärts ... und Sie sehen vor sich ein (mentales) Bild dieses Ortes, ein Bild in Form eines bunten Fotos, eines Posters oder des realen Mind Maps, das vor Ihnen liegt oder hängt.

Strecken Sie sich ein wenig auf Ihrem Platz hier, blicken Sie sich einmal in diesem Raum um und bereiten Sie sich ein neues Blatt Papier vor.

Schreiben Sie bitte die Nahrungsmittel auf, die Sie beschließen, morgen oder vielleicht noch heute zu besorgen. Achten Sie bitte darauf, daß es Nahrungsmittel sein werden, die unbehandelt und im puren Zustand - so wie von der Natur geschaffen - sein werden. Waren, die weder industriell verarbeitet noch beeinflußt wurden. Und besorgen Sie Getränke, auf die diese Bedingungen zutreffen, bzw. überlegen Sie, welche das sein könnten. **Sie müssen wissen, daß nur relativ rohe und pure Nahrung uns gut tut und uns mit Energien bereichert, damit wir energievoll und gesund - voller Spannkraft und Erfolg - leben.**

Wir sind ein wesentlicher Teil der Natur, wir bestehen

aus Natur und unsere ureigenste Erhaltung, unser tägliches Wachstum sind von Natur aus auf natürliche Nahrungsquellen ausgerichtet und eingerichtet. **Uns** obliegt auch die Kontrolle, ob unser Körper mit genau den günstigen und energiespendenden Nahrungsmitteln bedacht wird.

**Die Selbstverantwortung für den Normalzustand, den wir „Gesundheit nennen", ist unsere!**

Zivilisationsessen, wie es seit vielen Tausend Tagen zu sich genommen wird, hat wenig oder nur sehr geringe Rohstoffquellen für Ihr einziges „Besitztum": **Ihren Körper**.

**Und Ihren Körper brauchen Sie und wollen Sie erleben, einsetzen und gebrauchen für Ihre erfolgreiche neue Gegenwart und Zukunft!**

Sie kennen nun bereits viele Möglichkeiten, Ihr Körpergefühl, Ihr (Unter-)Bewußtsein und Ihre eigenen nützlichen Ressourcen zu erwecken. Der körperliche Ausdruck Ihres Seins - die „Body Ware"- bedarf natürlich einer angemessenen und qualitativ hochstehenden Wert-Schätzung und Versorgung. In diesem Power Line-Programm erfahren Sie viele wertvolle Hinweise dazu.

Die Erkenntnisse bedeuten konkret für SIE:

**1.** Sie erfahren Neuigkeiten in bezug auf Ernährung und vor allem den Nutzen daraus für ein erfolgreiches und langes Leben.

**2.** Sie integrieren die neuen Kenntnisse und Erfahrungen fest in Ihren neuen Lebensstil. Und auch hier: wenn nicht Sie, wer soll es sonst für SIE tun?!

**3.** Sie haben rein äußerlich bereits eine Menge für sich und an sich und um sich geleistet - siehe Haushaltentschlackung! Also jetzt auch in Ihnen weitermachen!

> **Sie haben schon sehr viel für sich an neuer Stärke, Eigenmotivation, Selbstprogrammierung und Eigenverantwortung kennengelernt und liebengelernt!**

Und Sie erfahren gerade, wie Sie auch Ihren Körper, Ihre „Body Ware", frei machen können von Schlacken, Ablagerungen oder von ernährungsbedingten Gewichten, die SIE, Sie als pro-aktive Persönlichkeit, gewichtig hindern, bremsen oder sogar stoppen könnten, hier weiterzumachen ... in Ihrer neuen Zeit!

Sie spüren die neue Lebensqualität, als Sie sich immer häufiger den Genuß schenken, frische und naturbelassene Nahrung und Getränke zu sich zu nehmen.

Sie erleben Ihr K-plus, das ein tiefes und sattes Power-Gefühl erzeugt, wann immer Sie selbstverantwortlich auf **Ihre** erfolgsunterstützende Nahrung achten. Zeiten der mehrtägigen Verdauung von Industrieessen gehören der Vergangenheit an! Sie nutzen die freigesetzte Energie jetzt für andere und wesentliche Projekte. Richtig: SIE NUTZEN. Es ist genau so!

Früher zehrten Sie von einer verbleibenden Restenergie. Die, die Ihr Körper Ihnen übrig ließ nach seiner schweren Aktivität der Verdauung. Und mit diesem spärlichen Rest war ein „Bäume ausreißen" kaum möglich, es sei, Sie halfen künstlich nach durch entsprechende synthetische Zugaben.

Jetzt, seit SIE mit oder durch Ihre Ernährung Ihrem Körper die Schwerstarbeit erleichtern, bzw. ihn darin entlasten, dankt er es Ihnen mit neuer Gesundheit, Vitalität, Lebensfreude und dem Drang zur Pro-Aktivität!!

Daten über Ihren Körper-Haushalt können Sie in ausgezeichneter Ausführlichkeit in dem Buch „Fit for Life" von den Diamonds nachlesen. Ich denke, daß es für Sie und für mich in Ordnung ist, wenn Sie, liebe Leserin und Sie, lieber Leser, selbst die Quellen aufsuchen und nachlesen, die primär dieses Thema behandeln. Besorgen Sie sich darüber - pro-aktiv - weiteres Wissen!

Hier nun in reichhaltiger Kürze dieses:
- Eine Nahrungszufuhr, die zum größten Teil oder sogar ausschließlich aus bearbeiteten Komponenten besteht, wie Fleisch- und Dosengerichte, Brote und Teigwaren, Süßigkeiten oder viel Alkohol, die fordert einen beträchtlichen Aufwand an Verdauungsbewältigung.
- Die Verdauungssäfte, und es sind meistens die Säuren, werden in Unmaßen erforderlich und können anschließend nicht in dem Umfang neutralisiert werden, bzw. abgeschlackt werden. Statt dessen

kommt es zu Ablagerungen von Säuren und toxischen Stoffen im Muskelgewebe - wie dem Herzmuskel zum Beispiel - oder zu Übersäuerungen im Magenmilieu. Um letztendlich der starken Versäuerung entgegenzuarbeiten, und das kann Jahrzehnte lang Tag für Tag geschehen, bedient sich der Körper einer einzigen und aus seiner Not heraus selbstzerstörerischen Hilfsmethode: Mineralien aus den Knochen, vornehmlich aus den Gelenkenden oder den Zähnen werden herausgezogen, um ausgleichend - basisch - auf die Über-Säuren zu reagieren. Die (logischen) Folgen können Erscheinungen sein wie: Arthritis, Arthrosen, Magenschleimhauterkrankungen, Darmstörungen oder Vergichtung, ... schlechte Laune, Mattigkeit und Schwunglosigkeit!

• Industrieessen, das arm ist an natürlichen Ballaststoffen und reichlichem Wassergehalt - im Gegensatz zu Gemüse und Früchten - bereitet Ihrem Dickdarm immense Verarbeitungsprobleme. Der Dickdarm will gefordert sein durch natürliche Nahrungsteile und durch Ballaststoffe angeregt werden, die Verdauungsbewegung in Gang zu setzen. Nur eine kontinuierliche Darmperistaltik (rhythmische Weiterbewegung) gewährleistet eine Entfernung der nicht verdaubaren Stoffe, die sonst, bei einer Verdauungsschlaffheit, in den Darmfalten zu langandauernden Ablagerungen (Verkotungen) führen. Diese inneren Gifthalden wirken sich entsprechend auf Ihre Stimmung und Gesundheit aus. Ein künstlicher und verhängnisvoller Trick, den Darm doch noch zu seiner Tätigkeit zu überlisten, ist dann die sogenannte „Verdauungschemie", die radikal eine Entleerung herbeiführt. Aber: durch diese „Rohrputzer" werden dem Körper auch die lebenswichtigen Mineralien und Flüssigkeiten entzogen, und es kommt zu einer erneuten Unterversorgung des Körpers.

- Der einfache Weg, einer Untermineralisierung zu entgehen, ist eine hochqualitative und leichte Ernährung, die ausreichend Mineralien enthält und einen hohen Wassergehalt hat. Ebenfalls Lebensmittel, die die notwendigen Spurenelemente und Vitamine liefern und ausreichend Ballaststoffe bereithalten sind Früchte, Gemüse, Nüsse oder gute Öle.

**Eine Ernährung, die diese Zusammenhänge berücksichtigt, bewirkt einen weiteren Power-Schub in Ihnen.**
**Denn: nur in Ihrem gesunden Körper ist ausreichend Energie vorhanden für Ihre Erfolgsstrategien und die Power Line!**

Schreiben Sie jetzt bitte alle Nahrungsmittel auf, die Sie regelmäßig verzehren und die für Ihren Körper kurz- und langfristig „Gift" sind; und die gerade jetzt, etwa in der Mitte Ihres Power-Programms, zugegebenermaßen extrem ungünstig sind. Es sollten weit über fünfzig Produkte sein. Gehen Sie zu Ihrem Vorratsschrank, schauen Sie sich die Dinge an oder machen Sie einen mentalen Gang durch den Supermarkt. Welche Produkte halten **Ihren** Qualitätsanforderungen nicht mehr Stand?

Schreiben Sie jetzt!

- ....................................................................................
- ....................................................................................
- ....................................................................................

Erinnern Sie sich an den mentalen Ernährungsgenuß vorhin, an die Vielsinnigkeit jenes Speiseaktes. Nehmen Sie diese Empfindungen als Grundlage für die weitere Aufstellung: sagen Sie sich bitte, welche Nahrungsmittel, Speisen oder Getränke Sie sofort für die nächste Zeit, und sogar noch darüber hinaus, ersetzen werden durch andere, pure und unzerkochte Produkte.

Oder lesen Sie erst einmal Literatur zu diesem Thema, machen Sie sich mit der „Nahrungsbotanik" real oder per Foto vertraut. Besuchen Sie einen botanischen Garten, blättern Sie in Bildbänden südlicher und tropischer Länder, in denen es köstliche Früchte - immer - zu Hauf gibt. Oder ist gerade Wochenmarkt-Tag?

**Auf geht´s...!**

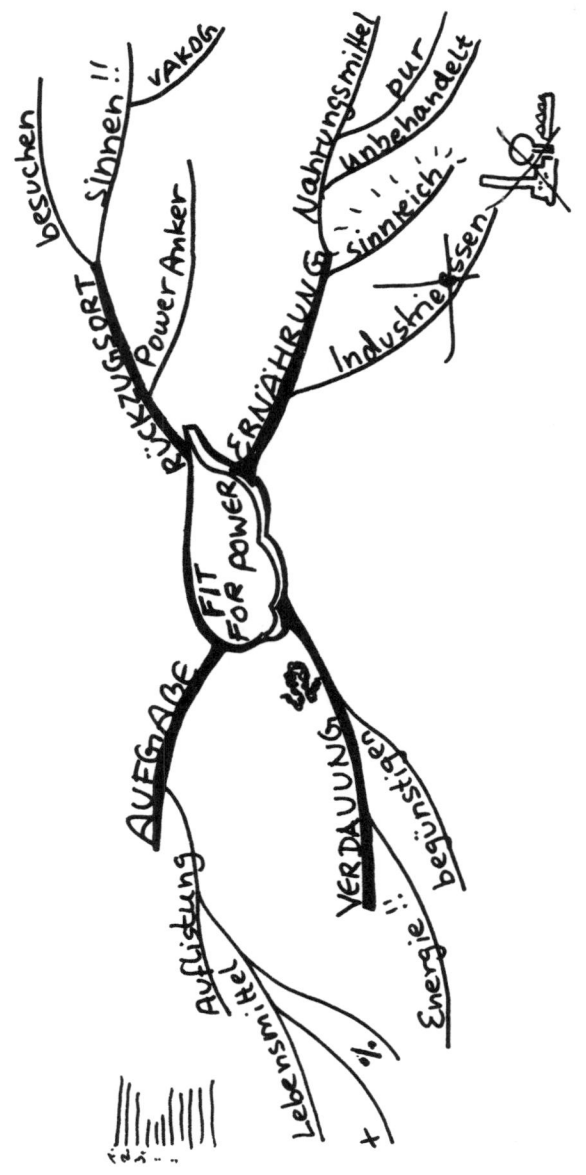

## IHR IDEEN-POOL

# 8. K-plus: Power Mind

Haben die Nachrichten - Ihr Versorgungsökosystem betreffend - Sie in eine gute und neugierige Aufbruchstimmung versetzt,

**auch körperlich mit Hilfe Ihrer günstigen Ernährung ...**
**freizulassen, loszuwerden oder zu entschlacken?**

Sie merken, der Aspekt des „Gebens & Lassens" betrifft auch Sie selbst, SIE in Ihrem Körper!

Und weiter geht es: Sie machen heute einen mentalen Einkaufsgang durch Ihren Supermarkt, bzw. in einer Lebensmittelabteilung, die ein sehr großes und vielseitiges Sortiment hat.

Gehen Sie erst einmal in Gedanken Ihre üblichen Wege ab, schauen Sie in die Umgebung, erkennen Sie vielleicht Gesichter der Verkäufer/Innen, und beginnen Sie bereits jetzt - durch Ihre neuen Erfahrungen über reiche und energiespendende Ernährung weiser geworden - einen Aufmerksamkeits-Filter über Ihre Seh-Wahrnehmungen zu legen. Begeben Sie sich dazu noch einmal zum Eingang zurück und wandern Sie - ohne Kauftätigkeit - durch den Laden. Suchen Sie die Abteilungen auf, in denen Sie am meisten Farben sehen.

Sie gehen ... gerade ... bei den Konserven vorbei und fragen Sie sich bitte sofort: »Sind die dargestellten Farben gleichbedeutend mit dem tatsächlichen Inhalt?«

Wie wundert man sich jedesmal, nachdem man die Dose geöffnet hat! Wie selten gibt es Doseninhalte, die ohne Zusatzstoffe und ohne ein Nachwürzen nach vielen Minuten des Kochens - nachdem der Inhalt eh schon nährstoffarm ist - auf Anhieb natürlich schmecken.

Vergegenwärtigen Sie sich bitte auch, daß Dosenhaltung aus einer Zeit stammt, als man noch nicht über die jetzigen Versorgungssysteme verfügte. Weil natürliche Nahrungsmittel lebende Organismen sind und eine Lagerung nicht überstehen, ohne in den Prozeß der Fäulnis überzugehen, werden Lebensmittel z.B. durch Erhitzung oder Wasserentzug denaturiert. Sie werden dabei aller wertvollen Nährwert-Substanzen beraubt.

In jener Zeit, aus der das Eßverhalten relativ unverändert übernommen wurde, wußte man nicht viel über energiespendende Ernährung und deren Zusammenhänge mit Fitness und Wohlergehen, noch war die Kühl- und Gefrierlagerung verbreitet. Heutzutage hingegen sind langangelegte Lagerungen bedeutungslos, Vorräte eine Platzverschwendung und bedeuten eine Fehlplanung Ihrer finanziellen Einsätze. Ihr Kapital liegt „gebunden" im Regal, Fach oder im Keller. Haben Sie das nötig?!

Vielleicht hören Sie sich gerade sagen: »Aber man muß doch Vorräte haben, auf die man zurückgreifen kann«, oder »Ich bin gerne vorbereitet, wenn überraschend Besuch kommt« oder sogar: »Ich will doch nicht jeden Tag einkaufen gehen und zum Kochen habe ich kaum Zeit. Eine Dose ist da schnell aufgewärmt!«

Okay, wenn das Ihre Alt-Überzeugung ist, die da trotzig aufbegehrt, dann suchen Sie bitte sofort diesen verantwortlichen Teil in Ihnen auf, der bisher für das Besorgen und Beschaffen von Vorräten zuständig war. Fragen Sie, ob er sich ab heute seine Aufgabe etwas anders vorstellen kann, nämlich als Ihr zuständiger, verantwortungsbewußter Ernährungs-Partner.

Übrigens, wie sieht dieser Teil aus? Welche Figur hat er? Oder ist es eine „sie" oder ein „es"? Welchen Gesichtsausdruck erkennen Sie? Gibt es eine Frisur oder bestimmte Haarfarbe? Können Sie ihn, sie oder es ansprechen, begrüßen oder sogar schon eine Bemerkung oder einen Gruß hören? Ist dieser Teil un-persönlich, quasi gegenständlich? Wenn ja, welche Form und Farben sehen Sie? Welche hörbaren Geräusche gibt es eventuell? Wie laut?

Nehmen Sie bitte bewußt Kontakt zu diesem Teil, bzw. zu dieser *Inneren Instanz* von Ihnen auf. Machen Sie es gleich, oder vielleicht heute abend, vor dem Einschlafen, bzw. in entspannter, ruhiger Atmosphäre. Bedeuten Sie, er, sie oder es hätte in der Vergangenheit sehr gute Arbeit geleistet, hätte Sie in Beruhigung geführt und wäre damals unverzichtbar gewesen, denn Dank des immerwährenden Beschaffungsprogrammes hätten Sie recht gut **gele(i)bt**!

Bieten Sie dann freudig diesem Teil an, mitzumachen am neuen Programm. Er solle von nun an, genauso sorgfältig und zuverlässig (wie einst) die Einkaufsentscheidungen leiten, Sie gegebenenfalls erinnern oder Ihnen verlockende Zukunftsbilder schicken von der oder dem neuen **SIE**.

Ein Hinweis dazu: Sie schaffen sich durch die Kenntnis über Ihre vielen *Minds* die Möglichkeit, **selbst** Ihre komplexen Verhaltens- und Handlungsstrukturen zu durchschauen, um dann ggf. eine Veränderungsarbeit einzuleiten.

Inzwischen ist Ihnen bekannt, daß sich jedes Verhalten und jede Reaktion aus komplexen Verhaltensmustern zusammensetzt. Im Fall der Gewichtsreduktion ist mindestens einer von unzähligen Handlungs-Teilen oder Instanzen maßgeblich an Ihrer Verhaltensstrategie beteiligt. Es ist der Teil, der zuständig dafür ist, daß und was Sie einkaufen, planen und an Prä-Kauf-Gelüsten erleben. Wenn Sie diesen Teil oder dieses „Mind" nicht genügend kennen, berücksichtigen oder wertschätzen, dann nutzen Appelle, Vorsätze oder Diäten nichts! Dieser Teil muß seine Aufgabe beibehalten, er darf dieser nicht beraubt werden. Sie muß lediglich dem neuen Kontext gemäß angepaßt oder umdefiniert werden.

Ihnen wird jetzt wohl klar sein, daß Sie früher mit Ankündigungen wie »Ich will abnehmen!« unkonkret und unspezifisch Ihre Ziele formulierten. Sie sprachen keine Verhaltensinstanz an oder durchschauten nicht die Vielfalt Ihrer Programmstrukturen.

Das klingt albern? Ist es aber nicht! **Unser Gehirn und die Steuerprogramme arbeiten schlicht und verspielt!!**

Zur Verdeutlichung: Sie wollen Ihre Arbeit auch nicht verlieren, sondern sind in Zeiten von grundlegenden Strukturänderungen gerne bereit, verändert, weitergebildet und moderner zu arbeiten.

**Schaffen Sie mit Ihren Inneren Instanzen, Minds und Teilen einen guten „vertraglichen" Konsens Ihre Ernährung betreffend. Ja!** Und **herzlichen Dank Ihnen allen!**

Sie werden bereits ab heute günstige Erfahrungen mit Ihren zahlreichen Minds, Teilen oder Instanzen machen, die SIE sorgfältig und bewußt in einem persönlichen Geist-Körper-Verbund leiten. Ergänzen Sie das neue Wissen mit entsprechender Literatur und durch Hinweise, die Sie anfangs von mir hörten.

Erinnern Sie sich bitte: Ich erzählte Ihnen etwas von Überblickshandeln versus Detailhandeln. Menschen, die gerne und reichlich Vorräte anlegen, immer gewappnet und vorbereitet sein wollen, sind diejenigen, die es vorziehen, mit Großüberblicken umzugehen. Sie wählen Zeiträume statt Zeitpunkte und denken ungerne in kleinen Details; SIE kochen, essen und bewirten viel. Eine Verhaltenserweiterung in Richtung Detailbewußtsein ist deshalb für dieses Programm unbedingt erforderlich. Und SIE sind auf dem direktenWeg, da Sie so intensiv und neu-gierig mitmachen.

Also geschieht in Ihrer Ernährung eine unbedingte Zuwendung zum Detaildenken, eine Konzentration auf das Hier und Jetzt - Ihre Gegenwart, **in** der Sie stehen. Mit allen Ihren Sinnen!

Für die Power Line bedeutet das konkret:

**1.** Ihr Entscheidungsverhalten - ähnlich wie beim Hausrat - ist erweitert durch die Fähigkeit, sich abzuwenden von einem Denken in Massenbegriffen und Großzeiträumen, hin zu einem Detaildenken. Das neue Denk-Handeln zeichnet sich aus durch eine erhebliche Intensivierung Ihrer Sinneswahrnehmung. Wurde früher mehr oder weniger das Augenmerk nur auf Quantität gelegt, so ist JETZT der Aspekt der **multi-sensuellen Qualität der Beschränkung** vorrangig. **Mentale** Erlebnisqualitäten oder -welten machen beengende und hinderliche Materialmengen überflüssig und werden sie mehr und mehr ersetzen.

**2.** Sie erleben die Lust am täglichen Einkauf von kleinen Mengen an Frischwaren. Sie lernen die Vorteile einer flexiblen und reduzierten Vorratshaltung mit großer Er**leicht**erung zu lieben.

**3.** Sie bereiten mit Hochgenuß die frische kraft- und energiespendende Kost zu und zelebrieren das Essen mit allen Sinnen. Sie spüren dabei so viele K-plus und Power-Gefühle wie noch nie zuvor.

So gibt es sicher auch bei Ihnen für die täglichen Einkaufssituationen frühere (alte) Entscheidungsvorwände, wie zum Beispiel:

➴ »Toller Preis, da muß ich gleich zupacken.«

➴ »Eigentlich habe ich noch genug davon, aber wer weiß, wann ich wieder in die Stadt komme.«

➴ »Wer kann da schon widerstehen!« oder

➴ »Genau das haben die Nachbarn und die sind so zufrieden damit, das **muß** ich haben.«

Was kennen Sie noch? Welche Ausrufe oder Gedanken hörten Sie einst? Lauschen Sie bitte hin, zu dem, was Sie sagten, real oder mental.

Gut, Sie lernen - JETZT - eine systematische Fragefolge kennen, die eine umfassende Entscheidungsstrategie darstellt. Ich bitte Sie, die Fragen in einer für Sie passenden Art und Weise zu beachten, bzw. sie auswendig zu kennen. Für Sie als *visueller Lerntyp* ist eine schriftliche Auflistung vielleicht günstig, die Sie dann stets vor Augen haben. Sind Sie mehr ein *auditiv lernender* Mensch, dann sollten Sie sich die Sätze laut vorlesen oder auf Kassette aufzeichnen, um öfters einmal dieses Band als Hörbuch abzuspielen und anzuhören. Und als *kinästhetischer Lerntyp* haben Sie eventuell Gefallen daran, sich in konkreten Situationen mental vorzuerleben, bzw. mit diesem abgeschriebenen Zettel in der Hand auf „Shopping Kurs" zu gehen und sich dabei an die Fragen zu halten.

Die Auswahl der Fragen und ihre Anordnung ist einzuhalten, nur so gewährleisten Sie sich gute Entscheidungshilfe; sowohl beim Einkauf als auch in anderen, ähnlichen Situationen.

Und auch hier wieder: das, was anfangs noch sehr bewußt überlegenswert ist oder wirkt, geht bei häufiger Übung ins Unterbewußtsein über, und Sie werden später ohne Spickzettel organisiert bedenken und abwägen.

**Da Sie** mittlerweile auch schon **die Bedeutung von Verhaltensprogrammierungen kennen, wissen Sie, daß erst nach mehreren „Durchläufen" ein Programm ein Programm ist!**
Hier sind sie nun, die **acht Punkte** zum Achtgeben: Einige Fragen kommen Ihnen vielleicht bekannt vor; sie tauchen vereinzelt in anderem Kontext auf.

1.

»**Was genau** will ich kaufen?«

2.

»**Habe ich noch** (für dieses Mal) davon oder ersatz-weise von Ähnlichem?«

3.

»Ist die Ware jetzt, **heute, absolut erforderlich?**
Wenn nein; **wann** werde ich sie **dann** kaufen?
Wenn ja; ist sie **für mich oder für andere?**
Oder für wen gemeinsam?«

4.

»**Was ist** damit **sichergestellt,** daß ich sie **jetzt gerade** kaufe?«
Erstens, zweitens, drittens,... .

5.

»**Was kann ich** dann, **wer bin ich** dann oder **was
wird dann sein**, wenn ich die Ware
gekauft habe?«

6.

»**Was** wird sein, **wenn** ich sie **nicht** kaufe?«
«**Was** wird **nicht** sein, **wenn** ich sie **nicht** kaufe?«

7.

»Ich habe mich **entschlossen sie zu kaufen** und gehe
einmal kurz in die Zukunft, als ich **mit
der Ware die entsprechende Situation erlebe.**«
(VAKOG).

8.

»Ist es mit diesem Überblick
**immer noch wichtig
oder dringend**, die Ware zu kaufen?«


Wenn **ja**; dann **genießen** Sie Ihren Kauf **vollsinnig**
und mit einem tollen K-plus! Wenn **nein**; **verschieben**
Sie den Kauf. Und auch hier wieder mit einem erleichterten K-plus die getroffene Entscheidung begrüßen!

Na! Klingt das nicht gut?! Präzise Detailbestim-
mungen vereint mit Überblicksdenken - beidhirnig!
Akzeptieren Sie auch hier Ihren neuen Lebensstil, der bis
ins Detail sogar in Ihr Einkaufsverhalten Einlaß findet.

Und wieder zurück zu dem mentalen Gang durch die Lebensmittelabteilung. Wenden Sie sich von den Konservenregalen ab. SIE wollen SICH bestimmt nicht als konserviert definieren, sondern als **lebendig und kraftvoll, ganz im Stil der neuen Epoche, in der Leichtigkeit und Purheit an vorderster Spitze stehen!**

Schlendern Sie spaßeshalber die Regale ab - auch die der Süßigkeiten - und beantworten Sie sich auch hier die Fragen nach Nährwert, Körperverträglichkeit oder Verdauungsaufwand Ihres Körpers. Ist da vielleicht doch das eine oder andere wertvolle und weiterbringende Nahrungselement dabei?
**Ihre Antwort wird sein: »Kaum, kaum, kaum!«** Richtig!

Der Aufwand Ihres Verdauungssystems, mit diesen wertlosen und leeren Füllstoffen umzugehen, steht in keinem Verhältnis zum Nutzen oder Gewinn. Allergrößte Körperenergien sind notwendig, um die industriell zusammengesetzten Eßwaren chemisch zu zerlegen. Ist die körpereigene Analyse erfolgt, so stehen bei**leibe** nicht ausreichend körpereigene Säfte und Stoffe zur Verfügung, die sich der Abfallbeseitigung oder Zerkleinerung annehmen.
Vieles wird dabei vorerst auf „Halde gelegt" und gelangt in umgewandelter Form zum Beispiel in Fettpolster oder Arterien; ganz nach dem Motto: »Wenn wir einmal Zeit haben oder genug verdauungsförderliche

Nahrung zugeführt bekommen, dann bauen wir die Schlacken weiter ab.«

Doch dann kommt die nächste Mahlzeit und die nächste Mahlzeit und so weiter. **Fast die gesamte Energie, die für das Power-Programm im Leben benötigt wird, für persönlichen und/oder beruflichen Erfolg, geht bei dieser Art von Eßverhalten für Zersetzungs- und Verdauungsvorgänge drauf.**

Das von Ihnen praktizierte Essen ist im Grunde nur dazu da, um die Energie für die Beseitigung derselben bereitzustellen! Dieser Vorgang bedeutet Stillstand, bzw. ist sogar ein Schritt weg von Ihrer Gesundheit. Von den schwindenden Ressourcen Ihres Körpers, hin zum verschlackten Phlegmatiker, aber gewiß nie zum dynamischen und mit Leichtigkeit agierenden, pro-aktiven Menschen der Gegenwart und Zukunft!

**Sie** haben sich entschieden, **Ihre** Schritte für **SICH selbst** in die Hand zu nehmen, **sich selbst zu motivieren** und **sich selbst eine neue und vorwärtsbringende Energie zu geben!**

Fangen Sie gleich an: Gehen Sie in Gedanken hin zu der Abteilung, in der Gemüse und Früchte sind. Machen Sie den Vergleich: überzeugen Sie sich von der Ehrlichkeit der natürlichen und frischen Nahrung, erleben Sie hier das Vielfache an Sinneswahrnehmungen für Auge, Ohr, Tastsinn und Energiegefühl im Körper, in Nase und Mund! Diese Dinge warten darauf, IHNEN IHRE Qualitäten zu geben.

Machen Sie daraufhin mentale Weg-Bewegungen mit imaginären „nährwertlosen" Eßmitteln. **Räumen Sie ihre Vorräte nach diesen Gesichtspunkten leer und spüren Sie bei jeder Weggebe-Bewegung ein tiefes und befreites Gefühl der Erleichterung und des anderen „Sich-Gutes-Tuns". Atmen Sie dabei tief durch die Nase ein, spüren Sie Ihr K-plus und lassen Sie es sich ausbreiten. Verbinden Sie dieses K-plus mit dem Gemüse- und Obsteinkauf.** Ihre jetzige Aufgabe: Denken Sie an Früchte, an frisches Gemüse, an Ihr Speisen und Trinken an Ihrem Rekreationsort und an Ihre intensiven Glücksgefühle.

Haben Sie es? Ja? Noch nicht? Gut, dann bauen Sie mehr Einzelheiten nach VAKOG auf ... Okay. Sie haben diese Situation und lassen bei einem tiefen Atemzug Ihr K-plus kommen. Das gute Gefühl Ihrer Kraft, Ihrer Stärke und Ihrer Zukunft breitet sich aus, und Sie denken dabei an die Zeit des Genusses von Früchten und Gemüse oder von frischem Quellwasser.

**Noch einmal: Früchte ... tief atmen
... K-plus! Nochmal! Schneller:
Früchte, tief atmen - K-plus, ausbreiten, atmen, Früchte, K-plus,
ausbreiten, Früchte, Duft, Geschmack, gutes Gefühl, ein lautes
und tiefes**

**J a a a h h h ! ! !**

Sie sehen das frische Obst, das gesunde Gemüse; erkennen „sich", wie Sie in unmittelbarer Zukunft um viele Merkmale energiegeladener aussehen. Erblicken Sie, wie Ihre Figur eine andere ist. Und wie Sie dann mit einer festen und kräftigen Stimme dynamisch sprechen! Sie bewegen sich schwungvoll und strahlen sehr gute Laune und Zuversicht aus.

Und weiter: Überlegen Sie sich sofort Situationen, die eintreffen werden, wenn Sie Ihr Programm nicht weiterverfolgen, wie ich es Ihnen vorschlage. Fragen Sie dabei:

- Was werden Sie alles versäumen?
- Was wird alles nicht geschehen,
- bzw. was wird alles eintreten, wenn Sie wie einst weitermachen? Beruflich, privat, in der Freizeit, in 1 Jahr, in 5 Jahren, in 10 Jahren oder in 20 Jahren?

Schreiben Sie je zehn Situationen dazu auf und setzen Sie eine zeitliche Reihenfolge auf Ihrer Time Line, das heißt, Sie zeichnen sich eine Linie auf ein neues Blatt Papier und markieren dort künftige Ereignisse oder Pläne. Gehen Sie dann zu dem Punkt, der ganz weit in der Zukunft liegt: vielleicht viele Jahre oder einige Jahrzehnte von jetzt. Projizieren Sie sich einmal dorthin und blicken Sie zurück. Gehen Sie dabei folgender Frage nach:

- »Was werde ich dann vermißt haben, bzw. was vermisse ich, weil **ich** seinerzeit nichts unternommen habe, auf meiner Power Line zu bleiben oder zu sein?«

Schreiben Sie jetzt bitte zwanzig Situationen auf, in denen Sie Ihren Zielstatus erreicht haben, da Sie dieses Programm so gut und zielgewiß weitermachten.

- Was können Sie dann ... alles?
- Welche Kleidung tragen Sie?
- Was ist alles privat möglich oder beruflich?
- Welche Freizeitaktivitäten üben Sie dann aus, in absehbarer Zeit? Was in Kürze? Was etwas später?
- Was wird alles anders sein in 1 Jahr, in 5 Jahren, in 10 Jahren oder in 30 Jahren?
UND ACHTUNG - AUFGEPASST:
- »Was wird jetzt (auf meiner Time Line in weiter Zukunft!) alles nicht eintreffen an Dingen oder Verhältnissen, was sonst eingetreten wäre, hätte ich mein Power Line-Programm nicht durchgearbeitet?«

Seien Sie also in Ihrer Zukunft und fragen Sie sich bitte abschließend: »War die Investition (Standort: Zukunft) damals (!) groß, als ich anfing, mich selbst zu stärken, mich selbst zu organisieren?« Und bitte keine vage Antwort.

Ganz klar: ein Ja oder ein Nein und bitte wieder ganz hier sein, hier mit dem Power Line-Programm vor Ihnen.

So, Sie konnten soeben ungehemmt auf Ihrer Time Line auf und ab toben und Zukunftsingenieur/In spielen. Unter Umständen haben Sie die eine oder andere Erkenntnis über sich und Ihre Umgebung aus einer völlig neuen Perspektive erfahren. Mögen Sie weiter darüber träumen? Gleich oder heute abend?

Nun gut: Stellen Sie sich für jetzt noch einmal hin, ... gehen Sie in Gedanken zu den guten und tiefen Glücksgefühlen, die Sie in Ihrem Körper gespürt haben, ... atmen Sie dabei ganz gelassen und sicher tief ein und drücken Sie sich dabei

**auf Ihrem linken Unterarm - etwas über dem Platz der Armbanduhr - einen Punkt, einen neuen, kleinen *Ankerpunkt*.**

Kringeln Sie ihn vorerst mit einem Kugelschreiber auf der Haut ein. Ja? Gut. Sie kennen das schon: hinein in das soeben erlebte Glücks- und Zukunftsgefühl, tief atmen und drücken ... Gefühl ausbreiten lassen und drücken ...

atmen, **Jaaah!!!** ... Erinnerung an das Gefühl ... drücken ... es breitet sich aus - wusch - und wieder drücken. Machen Sie das ganz schnell einige weitere Male.

Wichtig ist hierbei, daß es ganz schnell geht: Erinnerung - drücken - K-plus - erinnern - drücken - Super-K-plus, wusch! Fünfzehn Mal!

### Sie haben hiermit einen verfeinerten Selbst-Anker etabliert.

Wann immer zum Beispiel alte Eß- oder Lagerungsgewohnheiten durchbrechen könnten, drücken Sie sich prophylaktisch am Unterarm auf genau die Stelle. Wichtig: Drücken Sie auch nur etwas daneben, führt das nicht zu dem erwünschten Ergebnis! Sie haben auch die Möglichkeit, sich z.B. vor dem Essen an der Anker-Stelle zu drücken. Als Resultat werden Sie spüren, wie unwillig Sie Gerichte aus der Alt-Zeit mögen; wie unattraktiv diese auf Sie wirken.

### Also trainieren Sie diesen Anker, immer wieder neu, mehrmals täglich!

**JETZT!!! wie JAAHHH!!!**

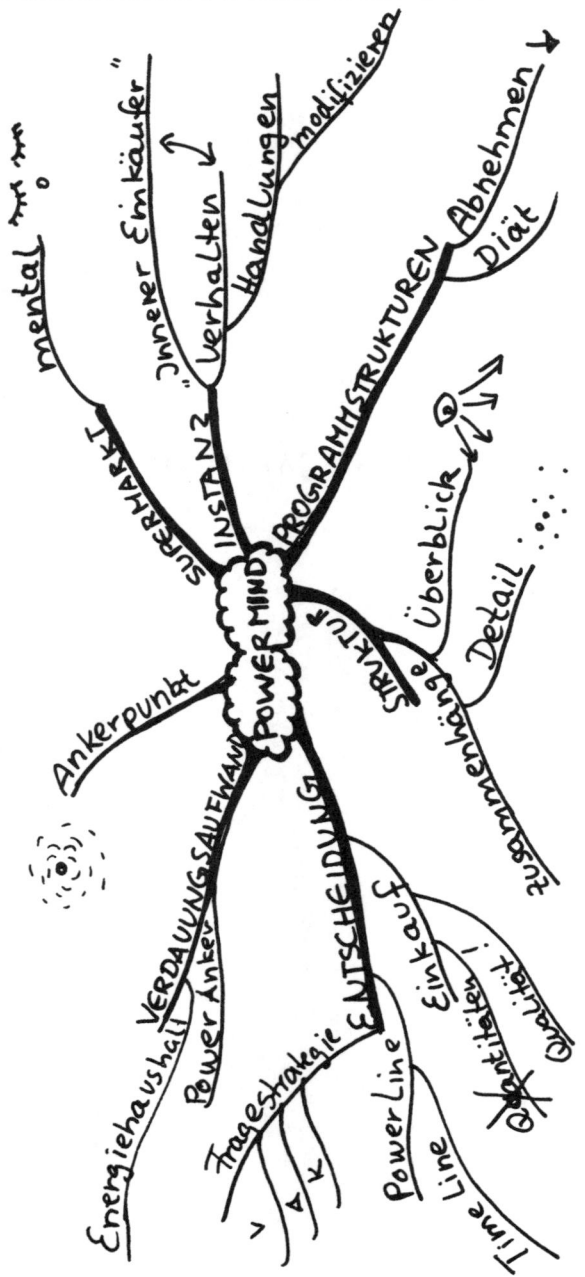

## IHR IDEEN-POOL

# 9. K-plus: Power State

Eine sehr interessante Neuigkeit für Sie, liebe Leserin und lieber Leser!

Wenn Sie sich jetzt gerade zufällig fragen sollten, warum Sie rauchen oder noch rauchen, trotz der Ihnen bekannten Risiken oder körperschädigenden Folgen, dann ist vielleicht die nachfolgende Erklärung - da Sie ja jetzt den Power-Anker kennen und haben - die logische Motivation, mit dem Rauchen sofort aufzuhören, es einfach zu beenden:

> **Vergessen Sie das Einatmen, Inhalieren (Rauchen) von Zigarettenluft und ersetzen Sie es von jetzt (!) an sofort durch Atemluft!!!!** Sie lesen richtig: **Atemluft.**

Was meinen Sie, wenn man den Akt des Rauchens *operationalisiert,* das heißt in seine Bestandteile zerlegt, was kommt dabei heraus?

Überlegen Sie bitte, bevor Sie weiterlesen, zehn Erklärungen und Gründe für das Rauchen; nicht Ihr Rauchen sondern für das Rauchen im allgemeinen. Mindestens zehn Gründe oder Vermutungen. Und gönnen Sie sich die Geduld, auf meine Erklärung nach **Ihrer** durchgeführten Aufgabe zu warten. Okay?

- ............................................................................
- ............................................................................

In den meisten Fällen kommen Argumente wie: »Zum Beruhigen«, bzw. was inhaltlich und sachlich nachlässig ist und auf wenig Vertrauen in die eigenen Ruhe-Ressourcen deutet: »Man wird dadurch ruhig!«

Schreiben Sie bitte schnell auf, welche Methoden oder Möglichkeiten SIE mindestens seit Beginn des Programmes kennen, mit denen Sie Beruhigung **selbst** herbeiführen, **SIE SELBST!!!**

Fragen Sie sich dann weiter, welche der von Ihnen am Anfang genannten zehn oder mehr Antworten dieser Richtung entsprechen.

Andere typische Nennungen könnten sein: »Weil es schmeckt.« Gut, über Geschmack läßt sich nicht streiten. Wenn es Ihr Bedürfnis ist, den Geschmack köstlichster Speisen und Getränke stets und ständig mit dem Aroma von verbranntem und verkohltem Nikotin und Teer zu überlappen, dann sollten Sie sich dennoch ein oder zwei Tage einräumen, an denen Sie „vergessen", Zigaretten- oder Zigarrenluft zu inhalieren, um Nahrung und Speisen pur zu „schmecken"!

Während dieser zwei Tage kosten Sie so viele Naturspeisen und -getränke wie möglich, sortieren diese nach: süß & sauer, salzig & bitter. Finden Sie zwischen den vier Richtungen viele Varianten und Ausprägungen. Empfinden Sie abends beim Einschlafen, welcher Hauch von Geschmack Ihnen noch in neuer Frische und Intensität im Mund blieb. Umfahren Sie mit Ihrer Zunge Ihren Gaumen und spüren Sie einmal hin zu Ihrer Zunge, wo Sie am meisten herausschmecken. Vermuten Sie bereits jetzt, daß Sie wenig Unterschied merken, bzw. wissen Sie, daß Ihre Zunge recht geschmackstaub ist, so haben Sie völlig recht mit der Vermutung!

Sie müssen wissen, daß Sie hiermit einen erheblichen Behinderungsgrad aufweisen.

Zwei Fünftel Ihrer Sinneskapazitäten (O-G) sind erheblich reduziert in der Wahrnehmungsintensität und naturgegebener Wahrnehmungsmöglichkeit! Freiwillig und kontinuierlich von Ihnen herbeigeführt in selbstgewählter Verantwortung.

Jetzt, wo Sie diese Zeit der Selbst-Programmierung Ihres Selbst-Stylings so fabelhaft mitmachen, bereits Erfolge erleben und eine hohe Eigen-Power-Kraft spüren, eine geschärfte Wahrnehmung herbeiführten, sich selbst beeinflussen in Ihren Prä-Aktionen und Re-Aktionen, jetzt, wo Sie mentale und reale Fähigkeiten besitzen, sich selbst die Zukunft zu schenken, um eine unabhängige und starke, erfolgreiche Persönlichkeit zu sein, ... **da empfinden Sie das Rauchen von Zigarettenluft garantiert als hinderlich, störend und überflüssig!**

Ich will Ihnen jetzt die versprochene Erklärung geben. Doch um es spannender zu machen noch einige Fragen von mir an Sie:

Welcher Zug des Rauchinhalierens ist für Sie der genußvollste? Sind Sie zugleich ein(e) **leiden**schaftliche(r) Biertrinker(in), dann gilt auch jene Frage: bei welchem Schluck verspüren Sie am meisten Geschmack, bzw. das ersehnte „Trinkerlebnis"?

Bitte notieren Sie Ihre Antworten. Ab wann verspüren Sie keine typischen O/G-Komponenten mehr, das heißt, ab wann verläuft die Handlung des Rauchens und des Trinkens automatisch und ohne bemerkenswerte Körpersensationen? Setzen Sie dann das Rauchen oder Trinken fort, weil die Zigarette diese bestimmte Brenndauer hat oder weil der Bierglasinhalt es anbietet?

Fragen Sie sich weiter: »Wie lange würde ich Zigarettenluft einatmen/rauchen, wenn die Zigarette endlos in der Länge wäre?« Bitte genau schätzen! »Und wie lange würde ich ein Bier trinken, wenn es unendlich fließen würde?«

Auch hier genau vorspüren und das Ergebnis notieren. Sollten Sie übrigens gerade Lust verspüren, sich beim Lesen eine Zigarette, Zigarre oder Pfeife anzuzünden, dann tun Sie es. Es wird eh das letzte Mal sein, daß Sie mit dem alten Bewußtsein Zigaretten-, Zigarren- oder Pfeifenluft atmen! Und sollten Sie just einen starken Durst auf ein Bier verspüren, dann laden Sie sich ein „zu einem Schluck". Auch Ihnen sei versichert, daß Ihre künftigen Schlucke von einer anderen Wahrnehmung geprägt sein werden!

Ich bitte Sie jetzt, sich fest auf den Boden zu stellen, tief Luft einzuatmen, begleitet von einer nach oben streckenden Armbewegung. Zählen Sie dabei bis drei oder vier, so lange es Ihr Brustvolumen mitmacht und halten Sie diese Luft einige Sekunden an. Erst dann langsam, tief und ganz bewußt ausatmen. Sie achten dabei auf Ihren Power-Anker, auf das Ihnen bekannte Gefühl der

Stärke, das Gefühl von Erfolg und Selbst-Verantwortung.
Ja! Atmen Sie dann gelöst ruhig weiter.

Der Power-Atemrhythmus ist folgender: die einge-
haltene Luft sollte etwa doppelt so lange Zeit innege-
halten werden, als Sie für das Einatmen und das Ausatmen
brauchen. Sie bewirken damit, daß der Sauerstoffaus-
tausch in der Lunge gründlich und ausreichend von-
statten gehen kann. Die alltägliche, flache Atmung kann
diese Leistung nicht erbringen. Sauerstoff ist das A und O
unseres Energiehaushaltes. Sauerstoff stellt die Energie-
versorgung des Gehirns sicher und die des übrigen
Körpers. Und Sie wissen, daß fast vier Fünftel der Sauer-
stoffmenge für die Dienstleistung des Gehirns gebraucht
werden. Darum öfters am Tag einige bewußte Atem-
pausen einlegen. Das Schwindelgefühl gibt sich mit der
Zeit. Wertschätzen Sie es als Zeichen, daß Ihr Körper mit
dieser  - eigentlich normalen - Bewegung der Atem**lust**
noch unvertraut ist.

Was hat das mit Rauchen oder Biertrinken zu tun? Ich
sage es Ihnen: das tiefe Inhalieren der Rauchluft ist nichts
anderes als die Aktion der Power-Anker-Atmung. Alle
Raucher/Innen bringen sich nichts anderes mit dem ersten Zug bei als das Gefühl von Ruhe, innerer Stärke oder
Optimismus, ganz nach dem Motto: »Jetzt kann es richtig
losgehen, ich bin bereit...!« Ist es so? Bestimmt!!!!!
Bei allen Rauchern/Raucherinnen auf der ganzen
Welt spielt der erste Zug, bzw. spielen die ersten Züge die
wesentliche Rolle, der Rest ist dann nachlässige und ge-

dankenlose Gewohnheit, die relativ effektlos ist für ein andauerndes „Push-Gefühl". Nur der erste Zug bringt etwas, deshalb: Atmen Sie Zigaretten-, Zigarren- oder Pfeifenluft (wenn es denn unvermeidlich ist) ein,

**einmal, und dann aus & weg damit!
Weg damit, im hohen Bogen in den
Müll! Begleiten Sie die Lösch-Bewe-
gung, Wegwerf-Bewegung mit Ihrer Ihnen vertrauten und Sie stär-
kenden und lustvollen WEG-Bewegung.**

Und als Biertrinker/In: Nehmen Sie nur einen ersten tiefen und großen Schluck.

**Lassen Sie ruhig ein tiefes und
kraftvolles »Jaaahh!« danach heraus, kippen Sie den Rest weg - mit
der großartigsten Bewegung des
Weggebens, Loslassens oder Aus-
kippens!**

Stellen Sie Säfte oder Mineralwasser bereit für das eigentliche Durstlöschen.

Na.., **spüren Sie Ihr eigenes von Ihnen hervorgerufenes K-plus kommen ... es sich ausbreiten! Stoßen
Sie dazu ein vertrautes und
kehliges Jaaaahhh!!! aus. Und das
kann sogar „sexy" klingen. Noch
einmal: »Jaahhhh!«**

Atmen Sie bitte wieder in der soeben beschriebenen Art und Weise. Es ist einfach: Wann immer Sie früher Rauchluft geatmet haben, atmen Sie jetzt Atemluft! Der Körper und sein Körperbewegungsgedächtnis benötigen dieses Bewegungsmuster und reinste Luft für die Versorgung mit Sauerstoff für Ihren Elan und Ihren Schwung. Also schenken Sie sich auch nur Sauerstoff!

Ähnlich verhält es sich mit einem Übermaß an alkoholhaltigem Durstlöschen. Sie als neuorientierte, selbstverantwortliche Persönlichkeit empfinden jeden Anlaß, an dem Sie Ihre Selbstkontrolle verlieren könnten, als überflüssig und nicht passend. Sie wollen stets die Übersicht behalten über Ihre Handlungs- und Denkvielfalt. Und Sie wollen diese Brillanz in einer Top-Kondition erleben!!

Sie verfügen inzwischen über ganz andere Mittel der Selbst-Organisation ... auch beim Essen und Trinken! (Da - wie Sie wissen - dieses Programm ein allumfassendes Power Line-Programm ist.)

Und wieder zurück zum Körpergedächtnis. Vergegenwärtigen Sie sich bitte Ihre Hand- und Armbewegungen beim Rauchen - und vergleichen Sie die Bewegungsabläufe mit denen der Power-Atmung. Einmal **schieben** Sie sich etwas zum Mund **zu**, bzw. hinein und im anderen Fall - **der Power-Atmung** - öffnen Sie sich, strecken Sie Ihren Körper, bringen Sie die Arme nach außen und halten vielleicht die Hände wie symbolisch nach oben geöffnet. Ihre Haltung ist dann die des nach außen geöffneten, wachen und die Ressourcen der „Welt" aufgreifenden Menschen. Sie sind gespannt - im Sinne von Spannkraft. Jene spürbaren Kräfte stellen sich nicht ein, wenn Sie zu oft und regelmäßig die nach innen gerichtete Einkehrbewegung ausführen. Nein? Lassen Sie Ihren Körper diese zwei polaren Bewegungsrichtungen durchgehen. Glauben Sie dabei der Wirkung der Motorik auf Ihre Psyche.

Und womöglich erinnert Sie das an das Mind Mapping. Auch hier streckten sich die Linien nach außen, räkelten sich **hin zu** den unendlichen Möglichkeiten..., die da draußen sind. In diesem Zusammenhang sei das Richtungsprinzip der *Konvergenz* genannt. Für Sie auf der Power Line, ist das *divergente* Denken und Handeln das weitaus günstigere! Und die Bewegung nach außen, weg von Ihrem Körper, dessen Mittelpunkt SIE sind - wie der Kern im Mind Map - signalisiert Offenheit für **Pro-Aktivität**. Ihr Körper ist dazu natürlich (auf-) gefordert und wird Ihnen für Ihr Vertrauen danken.

Ihr sofortiger umsetzbarer Nutzen: Sie brauchen ab jetzt nur noch bei aufkommenden Alt-Reizen des O/G-Bereichs innezuhalten, aufzustehen oder aufrecht zu sitzen. Atmen Sie in der erlernten Weise tief und bewußt, spüren Sie den Power-Anker, lassen Sie ihn kommen und erlauben Sie sich, die damit initiierte Kraftversorgung für Ihre Arbeit, Ihre Projekte oder was auch immer zu **nutzen**!

Ein kleines Vergnügen am Ende dieses Abschnitts: Sortieren Sie bitte für sich die Gelegenheiten heraus, während derer Sie aus purem Genuß rauchen oder trinken, ganz ohne den Hintergrund des Hochpushens oder Beruhigens.

- Wann ist es (immer)?
- Wo (wird es sein)?
- In welcher Umgebung?
- Zu welchem Anlaß?

Achten Sie also von jetzt ab genau auf Ihre unterschiedlichen Empfindungen und Intentionen. Wissen Sie und spüren Sie, daß Sie mit diesem „Trick" des Power-Ankers oder Power-Atmens - real - eine Konsum-Minimierung der anderen Art herbeiführen.

**Sie haben hiermit erneut erfahren, wie SIE selbstkontrolliert Ihrem Ziel - der unabhängigen Persönlichkeit - nähergekommen sind!**

**Jaaaah!!!**

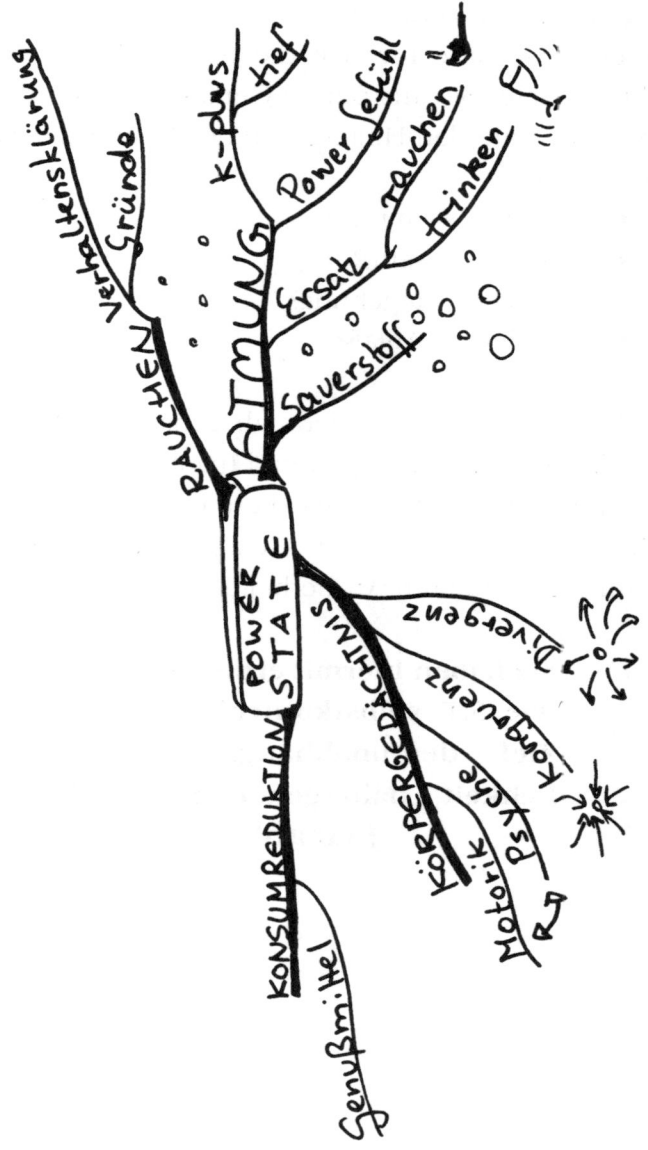

## IHR IDEEN-POOL

# 10. K-plus: Power Walk

Hallo auf dieser über hundertvierzigsten Seite! Sie überlegen sich bitte, nach bestem Wissen & Gewissen, welche Dinge für Sie - in Hinblick auf Ihr neues Lebensgefühl - unpassend und ungünstig sind.

Es sollen Dinge sein - nach VAKOG - die ein störendes Potential in der Verwirklichung Ihrer Ziele darstellen. Zum Beispiel triste Farben und voluminöse Schnitte Ihres Outfits; eine langweilige Frisur, ein bescheidenes Make-up, eine „finstere" Bartform oder Schuhe, in denen Sie vielleicht sehr bequem stehen können, mit denen Sie aber nicht elanvoll und auch hör-bar in Ihre Zukunft schreiten oder toben. Unterschätzen Sie bitte nicht den motivationsfördernden (begleitenden) Klang von Schuhsohlen oder der Absätze. „Schleichschuhe" üben auf Ihr Gehör und somit auf Ihr Unbewußtes keinerlei anregende Wirkung aus.

Sie müssen wissen, daß der Takt von Melodien, Rhythmen oder von Geräuschserien - über das Gehör (un-)bewußt wahrgenommen - sofort den Gehirntakt beeinflußt und somit in eine *kybernetische Beziehung* zum subjektiven Körperbefinden eingeht.

Langsame Musik, wie die Largos aus der Barockmusik, hat etwa sechzig Taktschläge pro Minute. Wenn wir diese Musik hören, wird nach kurzer Zeit der Körper über die Steuerzentren im Gehirn diesen Takt aufnehmen, einen Puls von ebenfalls sechzig Schläge pro Minute erzeugen und automatisch dabei für einen langsamen und ruhigen Gehirntakt sorgen. Man ist dann im sogenannten Alpha-Zustand, in dem zum Beispiel das Lernen optimal möglich ist. Um sich demnach selbst bei Bedarf in den Alpha-Zustand zu bringen, ist es sinnvoll, einige Zeit so zu gehen, daß etwa ein Schritt pro Sekunde gesetzt wird. Das Gehen wird dann zum Schlendern oder Wandeln. Durch dieses Tempo ist geistige Aktivität sehr begünstigt, und nicht immer ist Alpha-Musik per Kopfhörer auf Zugriff da!

Und: wenn Sie morgens oder abends im Alpha-Zustand sind, dann haben Sie den besten und günstigsten Zugang zu Ihrem Inneren Dialog! Sie wissen, daß Sie im dösigen Aufwachen effektive Selbstgespräche führen, Pläne ausformulieren oder exzellente Ideen in Gedanken aussprechen. Im Dämmerzustand des Einschlafens geschieht dies ebenfalls.

Für Sie also der Tip: wann immer Sie Konzepte, Reden oder ähnliches entwickeln (müssen), dann hören Sie bitte langsame Barockmusik dabei oder gehen Sie den Alpha-Schritt. Sie werden dann Ihren Inneren Dialog viel besser verfolgen und abhören können. Achten Sie beim Gehen auf den Weg vor Ihnen - na: es ist der Blick nach (links) unten, der Ihre Möglichkeiten des Inneren Dialoges noch einmal vergrößert.

Doch zurück zu Ihrem Schuhwerk: während dieses Programmes ist ein anregender und motivationssteigernder Umgebungsrhythmus nützlich. Erinnern Sie sich bitte an den Hinweis auf Musik von Jean Michel Jarre. Schnelle Klänge oder Rhythmen versetzen uns in ein neugieriges und drangvolles Lebensgefühl. Wenn aber keine Musik (situativ) gehört werden kann, dann sollte man sich mit Hilfe hörbarer Schuhe einen entsprechenden Takt erschreiten. Denken Sie an die *kybernetische Rückkopplung:* Gehör - Bewegung - Gehirntakt - Körperbefinden - Verhaltensprogramm ... Alle Komponenten beeinflussen einander, bzw. lösen die Beeinflussung aus. Machen Sie den Test:

- Schlendern Sie Ihre Strecken in leisem Schuhwerk langsam und im Alpha-Tempo. Beobachten Sie dabei Ihr Gefühl, die Höhe Ihres Aktivitätspegels.

- Gehen Sie anschließend in einem für Sie motivationssteigernden Schritt. Spüren Sie in sich, wann und ob sich ein K-plus bildet? Ab wann und ab welchem Schrittempo ist für Sie ein erregendes Power-Gefühl da - in den Schleichschuhen?

- Wechseln Sie Ihr Schuhwerk und schlendern Sie erneut langsam; etwa ein Schritt pro Sekunde. Achten Sie dabei auf die Empfindungen, auf eine Selbstmotivationsstärke oder die Bereitschaft, gleich pro-aktiv zu sein, oder auch nicht.

- Verändern Sie das Tempo. Schreiten Sie forsch und bestimmt einher. Spüren Sie Ihre Armbewegung, Ihre tiefere Atmung und hören Sie auf das begleitende Klappern Ihrer Absätze, das Sie wie eine Motivationsmusik unterstützt in Ihrem Bestreben, pro-aktiv zu sein, zu handeln und vorwärts zu gehen. Welche Bewegungen führen Sie sonst noch aus? Mit der Hüfte? Wie ist die Kopfhaltung? Wie ist

Ihre Mimik? Um den Mund herum? Um die Augen? Erleben Sie den Unterschied zu dem Gang vorher. Freunden Sie sich mit Ihrem schwungvollen Schritt und Gang an, durch den Sie ebenfalls ein K-plus erhalten.

Doch zurück zur Aufgabe! Sie sind gerade dabei sich zu überlegen, welche Dinge, welches Verhalten oder welche Umgebung für SIE und Ihr Programm eine ungünstige Wirkung haben. Sie schreib-zeichnen die Ergebnisse in tristen Farben in das Mind Map.

• Welche Farben in Ihrer räumlichen Umgebung hindern oder bremsen zum Beispiel Ihre Tatkraft, Ihre Motivationsstärke?

Sie wissen, daß Gelb, Orange, Rot eine Lebhaftigkeit in Stimmung und Denktakt auslösen, fördern oder unterstützen. Farben wie Violett, Aubergine, Braun oder Grau führen das Gehirn in den sehr verhaltenen Reaktions- und Denktakt. Sie dämpfen die nach außen gerichtete Aktionsfreude und führen zu einem tiefen Innenbekenntnis. Können Sie sich gut vorstellen, daß diese Verhaltens- und Gemütszustände dem Power-Gefühl nicht unbedingt zuträglich sind? Ja!

In diesem Zusammenhang sei erwähnt, daß die Farb-Atmung ein ebenfalls sehr probates Mittel ist, sich innerliche Stärke und Power-Gefühle zu bescheren. Die Farben Rot, Orange und Gelb regen, intensiv vorgestellt und mental eingeatmet - wie in einem Regenbogen stehend -, entsprechende Zentren in Ihrem Körper an, die durch vermehrte Stoffwechseltätigkeit und Entschlakkung Aktivität und Selbstsicherheit fördern oder in Gang setzen.

Also: schreiben Sie die Dinge auf, die nach Ihrer jetzigen Überlegung Ihren Seh-Sinn (V) verlangsamen oder verdunkeln.

Gehen Sie anschließend alle Sinnesbereiche durch: die Musik- und Tonwelt um Sie herum, die eine „verschließende" Wirkung hat. Tast- und Gefühlsobjekte, die Sie zur kuscheligen Passivität verführen, aber auch die Dinge des Riechens und Schmeckens, die Ihnen Ruhe, Sattheit, Befriedigung oder teilnahmslose Entspannung bescheren.

Mindmappen Sie die gedanklichen Fundstücke, stellen Sie sie auch in den „langsamen" Farben dar, das heißt, verwenden Sie dabei bitte die oben genannten „ungünstigen" Farben.

Schritt Nummer zwei: Sie wünschen sich Neues in anderen Farben, Formen, Beschaffenheiten, die dem neuen Lebensgefühl entsprechen, näherkommen oder es fördern. Träumen Sie recht konkret und wissen Sie hierbei, daß bei dem konkreten Träumen die Komponente des (eventuell fehlenden) Geldes keine Rolle spielt. Sie haben mental die finanziellen Mittel und entscheiden, unterstützt durch Ihr Power-K-plus, welche Dinge oder Sachen **jetzt gut sind für Sie.**

Und bitte aufschreiben, in das Mind Map einarbeiten, wobei Sie jetzt die frohen Farben benutzen. Oder erstellen Sie, mein Vorschlag, ein neues eigenständiges Mind Map.

- Welche Ton- und Klangmedien, bzw. Instrumente könnten Ihren Elan unterstreichen, ihn weiter wecken oder ihn aktiv halten?
- Was könnten Sie für Ihre neugierige Stimmung, Ihren immer energiereicher werdenden Körper tun, damit auch hier dem neuen Power-Programm richtig entsprochen werden kann?
- Welche Änderungen in der Ernährung sind angebracht und notwendig, damit auch diesen Sinneskanälen die veränderten Bedingungen zuteil werden.

Machen Sie sich schnell Notizen! Denken Sie auf Tempo, wie in einer Ratesendung!

Und es geht weiter in der gedanklichen Befragung: Wo haben Sie an Ihrem Wohnort ein Geschäft, in dem Sie diese Dinge - nach V-A-K-O-G sortiert - in der optimistischen und frohesten Umgebung kaufen können?

Und wieder: Geld darf nicht das Kriterium sein, das Ihnen als „Geht-doch-nicht-Filter" dient. Wo ist das Ambiente am prächtigsten für Sie, als die besondere Kundin, und für Sie, als dem außergewöhnlichen Kunden? Wo hören Sie angenehme Stimmen oder Hintergrundklänge? Wo werden Sie am besten geehrt und bedient, und wo gibt es die köstlichsten puren Nahrungsmittel und Getränke? Es sind diese peripheren Randbedingungen, nach denen Ihre unbewußte Wahrnehmung lechzt!

Schreiben Sie pro Bereich mindesten fünf Geschäfte oder Läden auf. Zuerst aus Ihrem Wohnort und dann „reisen" Sie in Gedanken zu anderen Plätzen, egal wohin in der Welt. Fühlen Sie sich von diesen Orten ganz stark angezogen.

Bedenken Sie bitte an dieser Stelle auch einmal die Mitmenschen, in deren Umfeld Sie sind, Menschen, die Sie sich aussuchen können als „Umgang".

Finden Sie bitte für SICH heraus, wer genau auf Ihrer Power Line bei der Erfüllung dieses Programmes motivierend für Sie ist; wer Ihnen vermutlich eher hinderlich sein wird, im Sinne von Entmutigen oder Abhalten. Bei wem könnten Sie viel an zusätzlicher Energie dazubekommen? Wer hat Ähnliches auch schon einmal gemacht? Wen könnten Sie als Vorbild nehmen? Und es ist kein Zeichen der Undankbarkeit, wenn Sie zumindest mental von einigen Mitmenschen Abstand halten.

**Es ist Ihr Motivationsprogramm, Sie haben alle Träume, Ziele der Welt in sich, und Sie sind hiermit aufgerufen, diese ganz intensiv zu erfüllen und sie sich nicht nehmen zu lassen!**

Sie haben bis jetzt für SICH viele spezielle Überlegungen vorgenommen:

**1.** Sie finden einige, für Sie bekannte Erkenntnisse wieder; in neue Zusammenhänge gebracht oder ergänzt durch neue Erfahrungen. Welche? Überlegen Sie selbst und schreiben Sie sie auf!

**2.** Auf diese Art und Weise kann eine harmonische Allround-Strategie für neues Körper- und Lebensgefühl von Ihrem Linkshirn als logisch korrekt erkannt werden und von Ihrem Rechtshirn „ganzheitlich" mental und real mit Ihrem komplexen Verhaltens- und Denkrepertoire vernetzt werden.

Verweilen Sie noch etwas bei dem Aspekt: »Was kann ICH für MICH - unmittelbar und kurzfristig - in meinem Umfeld günstig gestalten, um dadurch weitere Erfolgsfaktoren zu nutzen?«

Es sollen dabei Gedanken sein zum Thema „Body-Care": Körper(be)achtung. Schenken Sie sich einige Zeit, um zu überlegen, was Sie alles für Ihren Körper real tun können, damit auch er ein spürbares „Weg-, Los- oder Runter-Gefühl" bekommt. Auch die Haut will miteinbezogen werden in das K-plus-Programm!! Als Richtung dessen sind folgende Ideen gleichermaßen für Frau und Mann ein Akt der „Body Care":

- Rubbel- oder Bürstenmassagen morgens oder vor dem Bad. Abgelebte Hautpartikelchen decken die noch atmenden Hautschichten ab und bremsen eine freie Feuchtigkeitszirkulation Ihrer Haut. Erinnern Sie sich bitte, daß Ihre Haut Ihr größtes Organ ist! Deshalb darf ihr ruhig die allergrößte Beachtung gewidmet werden. Ein sogenanntes „Peeling" unterstützt den Häutungsprozeß, und Sie wissen, daß es vielleicht auch in Ihrem bevorzugten Duft oder in Ihrer Pflegeserie ein entsprechendes Peeling-Präparat gibt. Ein weiterer Vorteil einer Hautmassage ist die Anregung auf Ihren Kreislauf und das subjektive Munterkeitsgefühl. Na, ... wie wichtig und sinn-voll ist es, zum eigenen Körper, zur eigenen Haut und zur eigenen Figur einen direkten Kontakt zu erleben! Indem Sie wieder anfangen, Ihre Haut täglich zu rubbeln und zu pflegen, pflegen Sie auch den Kontakt zu **sich**. Jeder Mensch ist darauf aus, Schönes und Angenehmes zu empfinden.

Auf dieser **TOUR DES SENSES ent-decken** Sie bestimmt einige weiße Stellen an sich, über sich und von sich!

Was könnte „Body Care" noch sein? Die regelmäßige Munddusche nach Mahlzeiten zum Beispiel. Das frische und glatte Gefühl im Mund ...! Machen Sie sich schlau und erfahren Sie, daß es sogar Geräte für Unterwegs gibt. Oder ein guter und regelmäßiger Stuhlgang ... . Auch das, das Entgiften des Körpers, das Loswerden von Schlacken und Unnötigem gehört mit zum Power-Programm. Ihnen ist ja bekannt, daß ein verkoteter Leib arge Probleme der Unlust, Schwerfälligkeit und des Energiemangels erzeugt. Also auch hier: raus damit!

Seit Sie sich auf Ihrer **„Power-Line"** bewegen, sind womöglich schon erste **körperliche Erfolge** eingetreten, wie: **Gewichtsabnahme, klare Haut, gute Verdauung** oder **Schwung & Elan**. Gehören Sie auch zu denjenigen, die das **Essen** mittlerweile **ganzsinnig zelebrieren?**

Ergänzen Sie jetzt bitte meine Vorschläge durch Ihre Ideen, was alles in Ihrem Lebenskontext machbar ist an zusätzlicher Body Care:

- .............................................................................
- .............................................................................

Sie überprüfen bitte im kommenden Abschnitt, welche Sport- und Bewegungsarten eine unterstützende Wirkung auf Sie ausüben. Es sollen Bewegungsabläufe sein, die an der frischen Luft stattfinden und die eine Tret- oder Weg-Bewegung haben, solche wie: Golf, Tennis, Bogenschießen, Handball, Trampolin, Weitspringen oder Heumähen.

Können Sie Pluspunkte des Drachensteigens nennen? Zusätzlich zu denen, daß Sie den Drang nach Frischluft, Wind und Träumen dort ausleben können! Oder jenes Phänomen, daß Ihre Augenbewegungsrichtung fast immer nach oben geht, Sie im schnellen Denktakt sind, kaum Hungergefühle bekommen! Oder daß Sie durch den an Ihren Armen zerrenden Drachen veranlaßt werden, den Brustkorb und die Atmung in eine K-plus-Haltung zu bringen...? Was alles spricht noch dafür? VAK...? Erstens, ... zweitens, ... drittens! Bitte erst weiterlesen, wenn Ihnen noch mindestens drei gute Gründe einfallen.

Okay: welche Musikinstrumente kennen Sie, die die Bewegung des „Hinaus & Weg" ermöglichen und noch dazu für IHR Ohr gut tönen?

Könnte es eine Trompete sein oder ein Schlagzeug? Ja, richtig vermutet. Eine Harfe? NEIN! Oder wie ist es mit Ihrer fröhlich schmetternden Stimme? Ach, Sie meinen, Sie können nicht singen!?

Gehen Sie schnell Ihre Time Line zurück zu dem Zeitpunkt, als man Ihnen diese Bewertung gab. Wie jung waren Sie damals? Oder haben Sie es sich selbst eingeredet, nachdem Sie irgendeinen Vergleich vornahmen. Inzwischen wissen Sie ja, was es mit Vergleichen auf sich hat. Und Sie wissen auch, daß Annahmen, die in unserem Gehirn entstehen oder von außen „implantiert" werden, genau das gemäße Ver-Halten erzeugen. Es ist dann nur folgerichtig, daß so eine „Grille" dazu führen kann, daß Sie tatsächlich fest der Überzeugung sind, nicht singen zu können. Sie müssen wissen, daß Angst vor Kritik oder entsprechende Befürchtungen dazu führen, sich zu verkrampfen, um dann wie „eingeschnürt" zu singen. Eine lockere und zuversichtliche Stimmung hingegen hat Einfluß auf eine freie Stimmführung beim Singen.

Gehen Sie deshalb ruhig einmal so weit zurück in Ihrer Lebenszeit, bis Sie den besagten Zeitpunkt erinnern, zu dem Sie beschließen ließen oder beschlossen, nicht SINGEN ZU KÖNNEN. Haben Sie es? Ja?

Dann schauen Sie sich den „Film" von damals einmal an, achten Sie auf V und A und just, als das interne Gefühl entstehen will: »Ich kann nicht singen«, da stoppen Sie den Film, drehen Sie ihn zurück - einige Augenblicke in die Vor-Vergangenheit - und dann steigen Sie - schwupp - in den Film ein. Sie sehen sich um, achten dieses Mal bewußt n u r auf die hellen, lebhaften Farben, hören Geräusche hinein, die Sie gerne mögen und bei denen Sie sich wohl fühlen und während Sie sich in dieser Szene - wie eine Regisseurin oder ein Regisseur - die Umgebung freundlich gestalten mit sämtlichen Bühnentricks, die es gibt,

**da nehmen Sie Ihre gute Power-Haltung an, atmen sich ein tiefes K-plus ein, feuchten sich lächelnd Ihre Lippen an und beginnen aus Ihrem Bauch, über das Zwerchfell hinaus kraftvoll und volumenreich Töne zu singen !!!**

**Sie spüren direkt, wie das Singen das K-plus sogar noch verstärkt !!!**

**Eine neue Erregung durchflutet Sie, während Sie Ihr wiederentdecktes Sangesinstrument ausgiebig ausprobieren ...**

Sie bleiben noch einige Momente in dem Zustand der erlebten Wonne und treten dann wieder heraus, hierher, von wo Sie aus der Beobachterperspektive aufmerksam den Augenblick des guten Singens betrachten und hören. Und wenn Sie ganz ehrlich sind, so stimmen Sie bei, daß Sie ehrlich zufrieden und sogar begeistert sind. Es hört sich **gut** an! Und wie gut ist erst Ihre Stimme, jetzt, im Laufe der Reife, geworden!

**Gehen Sie an Ihren Strand, singen Sie in die Wellen, singen Sie unter der Dusche oder in der Wanne. Singen Sie beim Kochen oder Autofahren, summen oder brummen Sie sich Schwingungen in Ihren Körper.**

Sie kennen von jetzt an noch einen weiteren Weg, um sich in einen *„Power-State"* zu bringen. Ist das nicht wunderbar!!!

Und gleich zum Abschluß einige V-Aktivitäten. Was gibt es für Sie an Weg-Bewegungsformen für den visuellen Sinn? Kombiniert mit viel K Ihrer Arme, zum Beispiel das *„Action Painting"* oder einfache Anstreicharbeiten. Renovieren Sie Ihr Zimmer, Ihre Wohnung! Bald! Denn: Wollten Sie nicht schon vor Wochen Ihre Wohnung mit pro-aktiv wirkenden Farben umstreichen?

## Aber **bitte** finden **SIE selbst!**

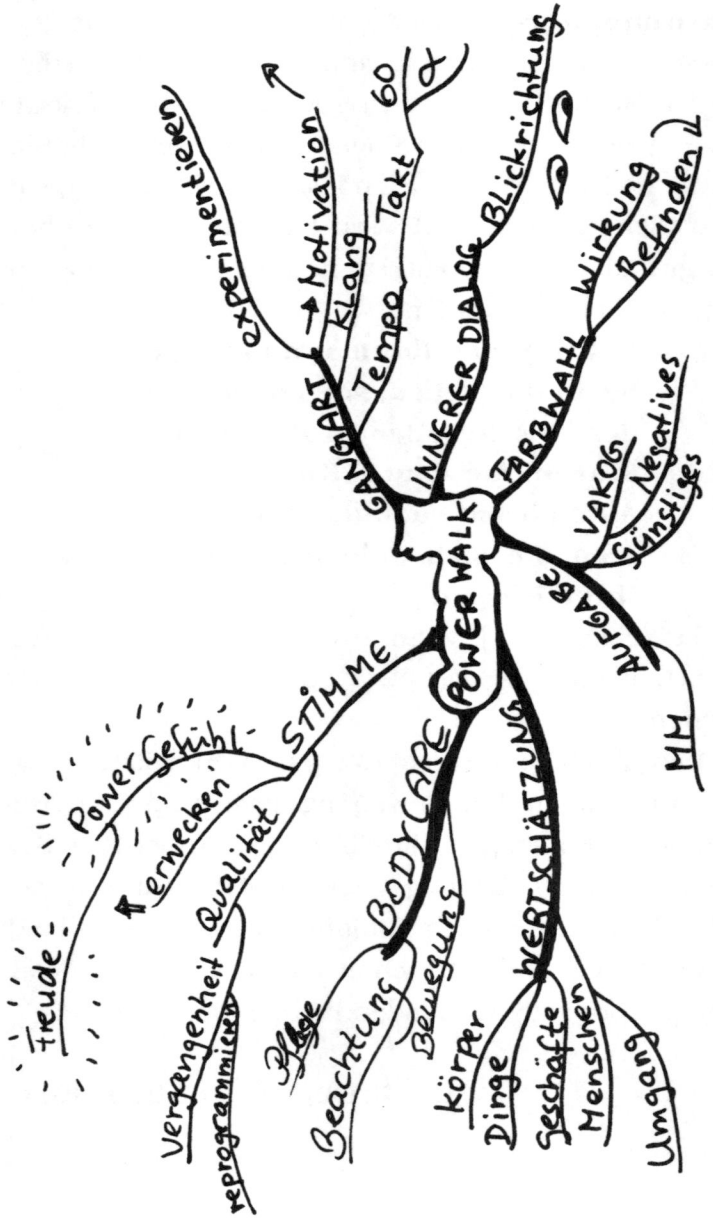

**IHR IDEEN-POOL**

# 11. K-plus: Power Brain

Ein neuer Beginn und neue Perspektiven. Sie werden gleich einiges über mögliche, alte Abhängigkeits-Gefühle erfahren; über eine Ohnmacht, sich selbst in gute Stimmungen zu versetzen oder sich selbst zu motivieren.

Ich bitte Sie darum um folgendes: Schreiben Sie - jetzt gleich - zehn Redewendungen oder Sätze auf, die sprachlich ausdrücken, daß man sich Gutes tun muß durch ein „Sich-selbst-etwas-Zuführen". Ein Beispiel nehme ich vorweg: »Keiner ist für mich da, also muß ich mir selbst Gutes tun.« Überlegen Sie einmal, welche solcher Gedanken SIE früher hatten oder äußerten:

- .................................................................
- .................................................................
- .................................................................

Darf ich raten? Vielleicht haben Sie auch schon einmal ähnliche Seufzer gehört:

»Ich ... im Grunde allein ... warten ... letztendlich Gutes selbst für sich tun ... müssen ... passiv sein ... warten, bekümmert zu werden ... sich umgeben mit Ersatz ... viel davon ... immer mehr davon ... durch Essen und Trinken ... je mehr, um so mehr **hat** (Achtung! Besitzdenken) man ... für sich ... weggeben; gleichbedeutend mit Verlust ... Leere ... nachfüllen ... zurückziehen ... warten....... «

Vollziehen Sie einfach einmal mental diese Reaktionsschleife. Die folgenden Hinweise könnten ein weiteres „Aha" ergeben.

Bisher reagierten Sie relativ unbewußt auf sogenannte *Trigger*, das heißt, irgendwelche Sinnesreize von außen aus der realen Umwelt, aber auch innere, mentale Prozesse. Zum Beispiel lösten Gefühle in Ihnen bestimmtes Verhalten aus.

Dieses Verhalten konnte zum Beispiel sein: der Drang, sich plötzlich Kleidung zu kaufen (die dann später nur im Schrank herumlag), oder sich gierig (zumeist) Süßigkeiten zuzuführen. Oder Sie gingen zum Friseur, weil er Ihnen vielleicht durch das Haarwaschen die unbewußt vermißten und in dem Moment fehlenden Körperberührungen und Entspannung teilweise oder ganz geben konnte. Oder, oder, oder, ...

Diese Ablenkungen haben eine Ursache. Ein Lebensprogramm steuert Sie dabei ganz massiv: »ICH MUSS mir GUTES tun!«

Irgendwann, sehr früh in der persönlichen Entstehung im Mutterleib, bereiteten uns unsere Sinneswahrnehmungen im gustatorischen (G), olfaktorischen (O) und kinästhetischen (K) Bereich eine gewisse Behaglichkeit und Vertrautheit. Ein Fötus kann bereits in den letzten Schwangerschaftswochen das etwas süßliche Fruchtwasser kosten und schmecken. In dieser Zeit wird schon ein (unbewußtes) Programm angelegt, daß Süße gleichbedeutend ist mit Schutz, Umborgensein und Wärme. Auch das Empfinden von Wärme, der Stimmung der Mutter und sogar später das Hören von Außengeräuschen prägen die Vermutung, daß Wahrnehmungen dieser Art immer und immer gleichzusetzen sind mit den vorher genannten emotionalen Wohl-Zuständen. Es entsteht von dem Zeitpunkt an im Gehirn eine einfache Beziehungsgleichung: erst, wenn diese Reize auftreffen oder wahrgenommen werden, kann man sich glücklich und wohlfühlen. Sind sie im späteren Leben nicht da - und da man ohne Unterlaß glücklich sein will - werden dieses oftmals lauthals gefordert.

Das Ur-Programm wird im Laufe der Entwicklung immer in den Vordergrund gestellt, wenn der junge Mensch so strukturiert ist oder bleibt, daß er sein Wohlgefühl nur durch externe „Bezugsquellen" erwartet oder sie nur dort vermutet. Die Empfangsrichtung ist überwiegend die *Außenreferenz* und schnell werden *Strategien* verinnerlicht, um Zuwendung jeglicher Art zu provozieren. Dieses Denken verselbständigt sich und selten wird es zum Anlaß genommen, die frühkindlichen Strategien zu modifizieren, bzw. durch altersgemäße zu erweitern. Dadurch, daß Wohlgefühl und ähnliches von anderen erwartet und verlangt wird, geben sich diese Menschen selten oder vielleicht sogar nie die Gelegenheit der Selbstentdeckung oder Selbststärkung.

**Sie** wissen bereits, daß Gefühle durch einen externen Auslöser begünstigt werden können und daß das Gehirn bei genügend eingetroffenen Verhaltens- , Reiz- und Reaktionsreihen den Umkehrschluß herstellt, daß diese Komponenten zusammengehören. Hat sich bei wiederholten Gelegenheiten daraus ein Programm gebildet, so geht das Gehirn schlicht davon aus, daß diese Abläufe fest zusammengehören und sich bedingen.

Das Gehirn des Babies oder Kleinkindes reagiert noch sehr einfach in „Wenn-dann-Schleifen":

- Es gibt Süßes; also werde ich umsorgt und geliebt.
- Es gibt Körperkontakt, wie Streicheln oder Wärme; also werde ich geliebt.
- Man spricht oder flüstert zu mir; also werde ich geliebt.
- Ich höre meinen Namen, also werde ich geliebt.
- Man reicht mir Nahrung; also werde ich geliebt.
- Höre und sehe ich Mami oder Papa; dann werde ich geliebt.

Vielleicht fallen Ihnen noch mehr Reiz-Reaktionen ein. Das Kleinkind sammelt die *Referenz* für eigene Reaktionen in der Umwelt und von außen. Erst Außen-Stimuli, wahrgenommen über die fünf Sinne, führen zu rückschließenden Re-Aktionen. Für ein Baby oder ein Kleinkind ist die Bandbreite der eigenen Handlungsmöglichkeiten natürlich noch sehr beschränkt. Es ist in d i e s e r Zeit - aber nur in der (!) - noch abhängig von externen Zuwendungen und Bereitstellungen von Wohlgefühlen.

Die e m p f a n g e n e n (!) Sinneswahrnehmungen G-O-K-A-V werden die Symbole oder Signale für Fürsorge und Schutz. Fehlen diese einmal, so ist die Not groß!

Wenn dem Kind später nicht genügend **Chancen zum Selbstfinden und -stärken** geboten werden, zum Beispiel durch Erfolgserlebnisse, eigene Aufgabenbereiche oder eine gesunde Wettbewerbsfreude, inclusive der Mißerfolge mit sich und mit anderen, so entwickelt das Kind keine Gefühls- und Verhaltensbalance. Es wird erwarten, Emotionen von außen und durch Mitmenschen zu erhalten. Tritt dieser Fall nicht ein, so wird dann selbst ein Wohlgefühl erzeugt, indem über den olfaktorischen und gustatorischen Sinneskanal Wohlgefühl „hineingezogen" wird.

Wie gingen Sie einst mit Zurückweisungen um? Wenn jemand sich Ihnen verweigerte oder Ihnen nicht das Gewünschte gab? Wie reagierten Sie dann? Kann man das Gefühl mit Enttäuschung oder Frustration benennen, was sich dann einstellte? Setzte erneut ein nicht beherrschbares Verlangen nach bestimmten Nahrungsmitteln ein? Oder zogen Sie es vor, in Isolation zu schmollen, Krankheiten zu bekommen, die dann bewirkten, daß man sich doch wieder um Sie kümmerte, vielleicht aus einem „schlechten Gewissen" heraus? Kennen Sie jemanden mit dieser Strategie? Dann haben Sie sicherlich auch schon des öfteren gesagt, daß Ablenkung durch Hobbies oder Sport, Eigenstärkung in Beruf oder **in SICH** Erwartungen und Forderungen an andere Menschen überflüssig machen.

Überflüssig machen - ist das nicht schon wieder ein Stichwort für unser Programm des Freiwerdens von..., des Abschlackens von... oder des Loswerdens von...! Auch bestehende Erwartungen oder Abhängigkeiten von Familie, Freunden oder Kollegen sind eine Last, nicht nur für die Wartende oder den Wartenden!

**Vielfältige Fähigkeit zur Handlungsaktivität und Handlungssteuerung macht frei von Außenabhängigkeit!**

Na..., macht das Sinn?! Als plausible Erklärung für eine Forder- und Besitzreaktion und die Genugtuung über Anhäufungen jeder Art, ja!

Doch die Zeit der einfachen Programmstrukturen hat für Sie, „**leibe**" Leserin und „**leiber**" Leser heute, als Sie diese neue **Selbst**-Programmierung vornehmen, keine Relevanz mehr.

> **Sie sind neuorganisiert und steuern sich prä-aktiv!**

Das bedeutet für Sie und für mich, daß wir weitermachen, gemeinsam Neu-Programme schaffen, die die alten Verhaltensschienen sowie die ungünstigen und belastenden Reaktionsschemata ersetzen oder ergänzen durch neue prä-aktive Strategien. Sie sind bereits seit einiger Zeit dabei, sich Zufriedenheits- und Stärkegefühle durch einen anders verlaufenden Vorgang zu verschaffen.

**Sagen Sie sich jetzt bitte laut** - also im **Selbstgespräch** oder einer **Rede** an sich selbst - was jetzt, seit Beginn dieser Lektüre den Unterschied macht im Herbeiführen und Erleben des Wohlgefühls, der persönlichen Stärke oder Zuversicht. Dozieren Sie dabei, schreiten Sie dabei dynamisch auf und ab, und arbeiten Sie **i m**

**Gespräch mit sich** die neuen Verhaltensweisen, Prä-Aktionen und Re-Aktionen Ihrer kraftvollen Pro-Aktivität heraus. Feuern Sie sich dabei an, gestikulieren Sie mit Händen und Füßen, machen Sie daraus eine Show!!!

Nehmen Sie dann bitte ein neues Blatt, legen es quer und mindmappen Sie in Stichworten ganz schnell Ihre Rede von eben auf. Entweder Sie ordnen sie in der gehaltenen Reihenfolge oder Sie sortieren sie thematisch (nach).

Jetzt!

Mit diesem Mind Map erhalten Sie:
**1.** für sich eine Zusammenfassung der logischen Argumente für neues Vorgehen;
**2.** eine erste kleine Übung für den Einsatz des Mind Mappings in der Rhetorik. Sie könnten jetzt ohne weiteres von dem Mind Map herab eine Rede oder Ansprache halten, sei es zu einem Kollegen, einer Freundin oder der Familie. Der Gedankeninhalt bleibt gleich, nur Ihre „Ummantellung" mit Sprache wird in dem einen oder anderen Fall verschieden sein. Sie könnten zu Ihrer Familie anders reden als mit einer Kollegin oder dem Kaufmann!

**Herzlichen Dank; Ihnen und Ihrem K-plus, das sich jetzt wieder ausbreitet und verströmt...!**

Haben Sie gespürt, daß Sie seit geraumer Zeit **abgenommen** haben, nach außen, sprich auf Gaben oder Mitmenschen fixiert zu sein? Daß Sie bemerkt haben, daß dabei eine übervolle „Gerümpelwohnung" und ein verschlackter, schwungloser Körper sehr hinderlich und verhindernd sind?

## Jjjaaahhh!

Notieren Sie aus dieser Erkenntnis heraus mindestens zehn Beispiele von für Sie externen Handlungen oder Erwartungen, die darauf abzielten, Sie kurzfristig zu beglücken oder zufriedenzustellen. Bei denen die Fähigkeit zum *Selbst-Styling* oder zum Selbst-Programmieren nicht gegeben ist, durch die Sie quasi in Abhängigkeit gebracht oder gelassen sind. In eine Abhängigkeit von Essen, Getränken, Genußmitteln (warum heißen die wohl so?), körperlicher Zuwendung oder Zuneigung, Telefonaten oder Besuchen und Briefwechseln.

Finden Sie heraus, bzw. sortieren Sie hierbei die Aktionen, die Ihnen Ihre Mitmenschen vielleicht - von Ihnen geahnt oder ungeahnt - **bedrängt** erbringen, um Ihnen IHR Bedürfnis zu erfüllen. Durch welche Verhaltensäußerungen spiel(t)en SIE mit Ihrer nächsten Umgebung wie die Katze mit dem Mäuschen, das heißt, welches war Ihre Methode, Ihre Mitmenschen an sich zu fesseln? (Wieder ein Stichwort zum Besitztumsdenken und zur An-Lastung!) Mindestens zehn!

- ...............................................................................

So, und nun ermöglichen Sie sich durch konkrete Überlegungen neue Strategien, wie Sie die mindestens zehn Nennungen durch eigenes pro-aktives Verhalten ersetzen. Jetzt bitte pro Aussage zwei neue Strategien!

- ..............................................................................................

- ..............................................................................................

- ..............................................................................................

Stellen Sie sich bitte vor, wie die externen Lieferanten von Wohlgefühl und Ersatzbefriedigung darauf reagieren!

- Rufen Sie sie an, sagen Sie ihnen mit fester, motivierter und überzeugender Stimme nächste Termine ab.
- Erzählen Sie von Ihrem Power Line-Programm und von Ihrem Projekt.
- Planen Sie die freigewordene Zeit für Ihr **Selbst-Styling** ein!
- Hinterfragen Sie die Bedeutung Ihrer Eß- und Trinkgewohnheiten.
- Wie und wodurch werden Sie de-aktivierende und stopfende Nahrung durch energiespendende und entschlackende ersetzen?
- Was werden Sie tun, eine Qualität der Leichtigkeit zu erreichen?
- Was werden Sie tun, um die Bindung zu Mitmenschen zu lockern, bzw. sie auf eine *frei-willige Basis* stellen?
- **Womit fangen Sie gleich an?**

164

Holen Sie sich, falls nötig, durch einen oder mehrere Atemzüge ein **Kaah-Plus!**

Eine Anregung: Überlegen Sie sich mindestens zehn Stimmungen, in denen Sie - einst - den starken und kaum bezähmbaren Drang hatten, sich „Gutes zuzuführen" durch bestimmte gustatorische Komponenten, bzw. in denen Sie z.B. mit Kaufrausch reagierten. Ersetzen Sie schon einmal mental diese Reaktionen durch neue Pro-Aktivität. Umgeben Sie die zukünftigen Gelegenheiten mit mentalen Sinneskomponenten.

Die Schritte dafür sind folgende; sie sind Ihnen auch schon irgendwie vertraut, nicht wahr!

**1.** Nehmen Sie bitte eine Alt-Situation, in der Sie ein (vorhin genanntes) Zwangsverhalten „fuhren". Beobachten Sie jene Person (sich) von damals dabei - wie auf einer Filmleinwand - und halten Sie den Film an der Stelle an, als die Reaktion auf einen Auslöser einsetzt. Stop!!! Hier, genau an der Stelle! Sie sehen jetzt vor sich eine **Schwarz/Weiß-Darstellung** jenes Momentes! Um das Bild deutlicher zu machen oder zu sehen, werden Sie einfach Ihre Augenbewegungen nach oben links lenken. Sehen Sie das **Standbild** (!) in grauen Farben deutlich oben links vor sich.
**2.** Sie ziehen jetzt den inneren Bildeindruck mental etwas hinunter, so, daß Sie das Bild - verkleinert - quasi in Ihrer linken Hand vor sich halten. Sehen Sie es? Schauen Sie sich die Abbildung Ihrer selbst an.

Beschreiben Sie - distanziert - das Szenenfoto. Wenn es geht auch ziemlich „tonlos" und nüchtern.

3. Lenken Sie jetzt Ihre Augenbewegung nach oben rechts (!); das ist ganz wichtig! Konstruieren Sie das Ersatzverhalten, die neue Reaktion auf den genannten Auslöser von vorhin. Sie unterscheidet sich in wesentlichen Komponenten dadurch, daß Sie nicht mehr zwanghaft und unkontrolliert reagieren werden, **sondern selbst-aktiv, pro-aktiv oder prä-aktiv Ihr Verhalten bestimmen**. Stellen Sie die Handlung wie in einem Film dar. Schauen Sie zu dem Film auf, übernehmen SIE die Regieanweisung und gestalten Sie das Setting so farbig und brillant wie nur möglich! Es soll so attraktiv auf Sie wirken, daß Sie der aufkommenden Versuchung nicht widerstehen wollen, in den Film zu steigen. Sie sehen jetzt um sich, erblicken Ihre Umgebung (dort) und hören all die Geräusche, Töne oder Stimmen. Sie spüren Ihr frohes und stolzes Gefühl - ganz ausführlich und intensiv -, wieder einmal selbstverantwortlich und zielorientiert gehandelt zu haben. Genießen Sie das Gefühl eines weiteren, kleinen Sieges auf dem Weg Ihrer Power-Line.

4. Und nun beschließen Sie aus der Film-Szene herauszusteigen, Sie blicken wieder auf die Leinwand und lassen den Film - irgendwie - vor oder zurücklaufen bis hin zu der Stelle oder dem Moment, von dem oder der Sie sagen können, daß hier Ihr intensivstes Power-Gefühl oder K-plus ist.

**5.** Verwandeln Sie dieses Standbild in eine handliche Größe und sehen Sie es vor sich, mehr unten rechts, in Ihrer rechten Hand liegen. Ja? Gut so!

**6.** Okay, und nun führen Sie beide Hände, die linke Hand, in der das S/W-Bild von früher liegt, und die rechte Hand mit dem Farbbild aufeinander zu.

> **Die rechte Hand überdeckt dabei immer die linke Hand! Stoßen Sie dabei ein kraftvolles „Wusch!" aus. Noch einmal: Real beide Hände aufeinander zu, ... rechts über links und „Wusch!". Und wieder: Arme, bzw. Hände aufeinander zuschieben, ... rechts über links ... und „Wusch!". Noch einmal und ganz schnell: „Wusch!", „Wusch!", „Wusch!"** Noch einige Male!
>
> **„Wusch!"**

Erleben Sie Ihr Power-Gefühl dabei, spüren Sie Ihre erregte Atmung und gehen Sie in Ihrer Aufmerksamkeit hin zu Ihrem Gesicht. Fühlen Sie dabei, wie auch von Ihren Gesichtsmuskeln eine gelassene Erregung ausströmt. Erinnern Sie in die Zukunft und machen Sie praktisch auch für die anderen von Ihnen aufgeführten (alten) Reaktionsfallen eine mentale Generalprobe dieser „ART" für demnächst!

**„Wusch!"**

Sie können gewiß sein, daß Sie demnächst sehr viel mehr Geld zur Verfügung haben werden durch Ihre bewußten und gezielten Entscheidungen. Auch Ihr Familien-, Freundes-, Bekannten- und Kollegenkreis wird ebenfalls mit Erleichterung darauf reagieren, wenn man wahrnimmt, daß

> **SIE** in der Tat **selbst-bewußter, energievoller und unabhängiger** sind, sowie insgesamt ein **pro-aktives, selbst-verantwortliches Verhalten** zeigen.

Wußten Sie schon:
Selbst-Erfolg
und Unabhängigkeit
machen erotisch!

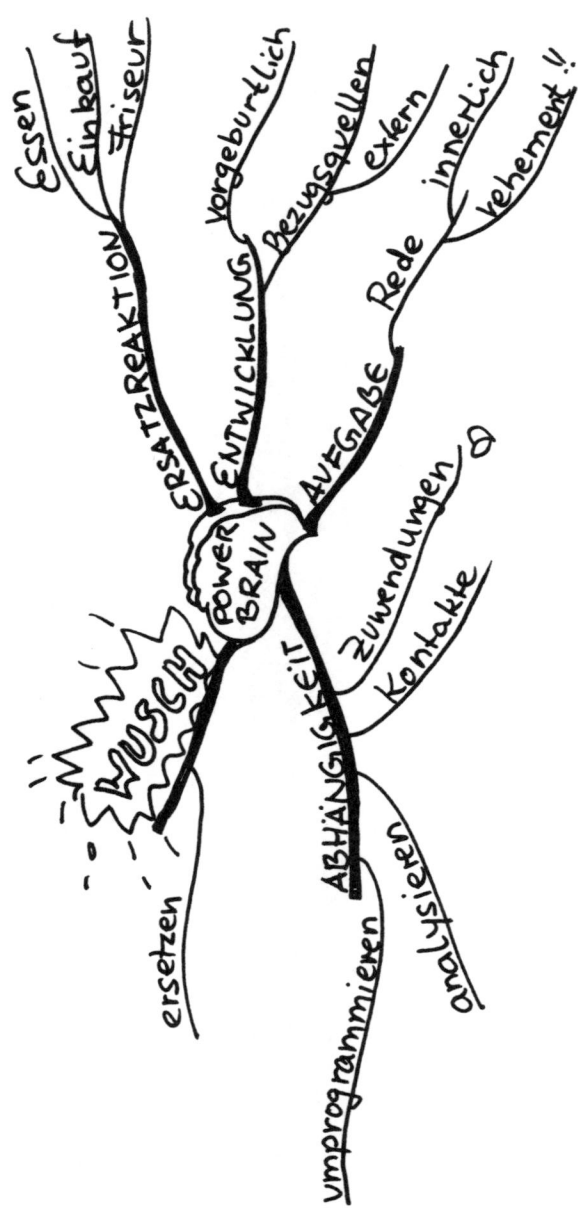

## IHR IDEEN-POOL

# 12. K-plus: Power Look

Bravo!!! Welch eine Person sind Sie! **Schenken Sie sich gleich zu Beginn Ihr K-plus** in Form von energischen Bewegungen, begleitet durch ein **„Wusch!"** durch die besondere, tiefe Atmung oder das Drücken Ihres Power-Ankers am linken Unterarm.

**Verwöhnen SIE SICH durch IHRE Stärke - SELBST!!!!**

Sie erfahren heute weitere Möglichkeiten, Ihr pro-aktives Verhalten zu steuern. Doch vorher eine Frage: arbeiten Sie überwiegend an einem Bildschirm oder besteht Ihre Tätigkeit aus einer Arbeit, bei der Sie die meiste Zeit auf den Platz vor sich schauen? Müssen Sie auf Bewegungsabläufe achten, die Sie mit den Händen begleiten? Ja? Oder kommt dieses gelegentlich vor? Wieviel Prozent Ihrer täglichen Arbeitszeit verrichten Sie mit dieser Kopf-, bzw. Augenhaltung? Wie groß ist der Anteil an Lesezeit, Zeit für Handarbeiten oder Haushaltsaufwendungen wie Nähen oder Bügeln? Schreiben Sie bitte einen geschätzten Wert für diese Handlungs- oder Arbeitsabläufe auf.

- ......................................................................................
- ......................................................................................
- ......................................................................................

Frage zwei: Wann sind die Zeiten, in denen Sie besonders gerne naschen, etwas dazu „schlürfen" oder dabei rauchen? Wann entsteht in Ihnen das Gefühl, mal raus zu müssen, zu bummeln oder sich etwas zu kaufen? Bitte genau überlegen und sofort notieren.

- ...........................................................................
- ...........................................................................
- ...........................................................................

Weiter. Frage drei: Was tun Sie in solchen Situationen, wenn Ihnen das Bedürfnis dazu aufkommt? Bitte ausführlich aufschreiben.

- ...........................................................................
- ...........................................................................
- ...........................................................................

Gut. Nehmen Sie bitte einen neuen Stift und sortieren Sie durch ein Umkringeln die Antworten heraus, mit denen Sie andeuten, daß es sich um Re-Aktionen Ihres Gefühls-, Geruchs- oder Geschmacksbereiches handelt.

Überlegen Sie gründlich, welcher Natur die Dinge sind, die Sie dann zu sich nehmen. Welches Ersatzverhalten ist es? Prüfen Sie Ihre Antworten, seien Sie gerade in dieser Aufgabe äußerst ehrlich mit sich!

- ...........................................................................
- ...........................................................................
- ...........................................................................

Okay, fassen wir vorweg: es gibt ein „Immer-wenn-dann-Schema", wenn Sie gerade dieses oder das (nicht) tun. Mit dieser Reiz-Gleichung hat es folgendes auf sich:

- Der Reiz - die Blickrichtung nach unten auf den Platz vor sich -, die Arbeit, die ein ständiges Nachuntenblicken erfordert = Gefühlsregung im K-O-G-Areal unseres Nervensystems im Gehirn!
- Es setzt daraufhin eine Reaktionsbereitschaft auf den Ursprungsreiz - Blickrichtung nach unten - ein. Es entstehen dann sofort entsprechende G-O-K-Wünsche. Ganz ohne Ihr Zutun; ohne daß Sie es bewußt realisieren.

Und dazu wieder eine Aufgabe: zeichnen Sie bitte Ihre Beobachtungen bildnerisch auf. Erst das Symbol für die Handlung, dann Gleichheitszeichen und dann Ihre Reaktion darauf.

$$=$$

$$=$$

$$=$$

Lassen Sie sich gut & gerne etwa zehn solcher Beziehungen einfallen, die Sie in diesem Teil der Bearbeitung aufzeichnen oder malen.

Und vielleicht bekommen Sie auch gerade dabei einen Anflug von Appetit auf ein „Schmankerl", während Sie das zeichnen oder diesen Text lesen.

Ein Tip: richten Sie Ihren Blick nach oben, hoch zur Decke oder aus dem Fenster hinaus, und *visualisieren* Sie dort die bildnerische Darstellung der Worte, der Gleichungen oder der Reaktionen.

Sehen Sie über sich ein Bild mit den Gleichungsstrichen und links und rechts daneben Ihre Darstellungen. Lassen Sie sich Zeit! Ich möchte, daß Sie längere Zeit wie der „Hans-Guck-in-die-Luft" nach oben blicken. Achten Sie auf die Farben und auf die Größe dieser Superzeichen. Schauen Sie sich die Gleichheitszeichen an. Wieviele Farben haben Sie verwandt? Ist das Blatt flächendeckend gestaltet oder haben Sie noch viel Platz? Was werden Sie noch hinzeichnen? Wo wollen Sie verbessernd eingreifen?

Schauen Sie immer wieder hoch zur Decke oder gen Himmel, so lange, bis Sie aus Ihrem Bildgedächtnis heraus das mentale Bild real abzeichnen könnten.

Eine Zwischenfrage: wie sieht es mit Ihrem Appetit aus? Noch daran gedacht? Noch diesen Drang gehabt, sich zu sättigen? Nein! Sie erfahren auch nach dem nächsten Teil der Aufgabe warum. Nur müssen Sie unbedingt den nächsten Schritt ausführlich mitmachen.

Vertauschen Sie die Seiten der Gleichungen: Sie zeichnen bitte die rechten Seiten der Gleichungen auf die linke Seite. Jedes Mal, bis Sie die ca. zehn Gleichungen auf dem Blatt sehen. Was steht dann auf dem Blatt?

Rauchen = Bildschirmarbeit
Naschen = Bügeln
Likör trinken = Lesen ...

Sprechen Sie sich diese Gleichungen einmal laut vor:

- »Immer wenn ich rauche, dann muß ich sofort am Bildschirm arbeiten.«
- »Immer wenn ich nasche, dann muß ich sofort Wäsche bügeln.«

Stellen Sie sich das mal vor!!! Wie soll das gehen?! Bitte sprechen Sie mit lauter Stimme - und dazu stellen Sie sich aufrecht und fest hin - und tragen Sie die Sätze in einer Sie amüsierenden, „operettenartigen" Sprechweise vor. Machen Sie dazu entsprechende Bewegungen. Na, wie wirkt es auf Sie?

**Sie haben durch die Umkehrung eines Ur-Alt-Programmes eine *De-Programmierung* eingeleitet!**

Sie werden, wann immer Sie sich in der folgenden Zeit in einer alten Reiz-Reaktions-Falle ertappen, eine Gleichung daraus bilden: »Immer wenn ..., dann ... «, diese als Bild darstellen, sei es real oder mental, die Gleichung umdrehen und sie pantomimisch und sprachlich überzogen vortragen.

Ihre frühere Re-Aktion wird zur Prä-Aktion. Das, was Sie früher sozusagen zwanghaft tun mußten, wie Naschen oder Rauchen, gerät, bedingt durch den veränderten, auch sprachlich unlogischen Kontext, ins Wanken und führt sich ad absurdum. Da Sie bestimmt nicht gerne Wäsche bügeln, zumindest nicht den ganzen

Tag über, und das drücken Sie ja mit der Gleichung dann aus, daß nämlich das Naschen das Bügeln zur Folge hat, werden Sie willentlich genau realisieren, wann und wo und wie oft Sie diese beiden Verlangen verspüren. Mit einem Bündel an anderen Strategien werden Sie dann den (zwanghaften) Naschdrang entkräftigen und umwandeln in Pro-Aktionen.

Sprechen Sie sich die Sätze oft vor, implantieren Sie diese in Ihr Bewußtsein, so, daß sie Ihnen bei vielen täglichen Gelegenheiten auffallen werden.

NA..., Sie haben eine weitere IDEE erfahren, Ihr Verhalten selbstbestimmt und bewußt zu steuern!

Machen Sie diese Aufgabe wieder sehr sorgfältig und **belohnen Sie sich mit mindestens einer Ihrer Möglichkeiten, sich ein wunderbares K-plus zu erzeugen.** Also durch **die Power-Atmung, durch eine Von-Sich-Bewegung, das Drücken des Ankers auf Ihrem Unterarm oder durch die Rückerinnerung an Ihren geheimen Rückzugsort. Tun Sie das jetzt! Rufen Sie dazu ein starkes**

# „Jaaahhh"

Zurück zu Ihrem Appetit, bzw. dem Drang, etwas zu trinken, zu rauchen oder sich viel Kinästhetik zu beschaffen.

Sie erinnern sich, daß ich Ihnen vor einiger Zeit erzählte, daß Sie in einen schnellen Denktakt kommen, indem Sie Ihre Blicke nach oben richten.

Die Richtung der Augenbewegungen ist für die Denkschnelligkeit von allergrößter Bedeutung. Das heißt, wann immer Sie entweder nach unten links oder rechts, nach vorne links oder rechts oder nach oben links oder rechts oder direkt nach vorne Mitte blicken, regen Sie jedesmal eine andere *Denkfrequenz* an. Den schnellsten Denktakt bewirken Sie, wenn Sie nach oben blicken, dabei ist es im Moment noch egal, ob nach rechts oder mehr nach links. Hauptsache nach oben. Langsamer wird Ihr Denken bereits, wenn Sie die Augen waagerecht in Ohrenhöhe bewegen, und extrem langsam ist Ihr Denken bei gesenkten Augen.

Was das mit Hunger und Durst zu tun hat? Die Wahrnehmungskanäle der fünf Sinne sind der Augenbewegungsrichtung gleichgeschaltet. Sie haben schon selbst erlebt, daß Sie sich am besten Bilder machen können, wenn Sie beim Visualisieren der Bilder nach oben blicken. Erinnerte Bilder sehen Sie dabei am besten und schnellsten, wenn Sie nach links oben blicken. Probieren Sie es aus: Stellen Sie sich die rote Rose vor, die Sie letztens irgendwo sahen. Oder war sie mehr gelb? Oder war sie rosa?

Ihre Augen bewegten sich blitzschnell die meiste Zeit im oberen Bereich, auch mal auf der rechten Seite. Wenn Sie dorthin blicken, dann regen Sie die visuellen Konstruktionsareale im Gehirn an. Blicken Sie hingegen nach unten, und das geschieht im Laufe eines langen Tages sehr oft, dann wissen Sie, daß Sie gerade unweigerlich die Areale im Gehirn massiv anregen, die für Gefühle, das Essen, das Trinken und inneres Sprechen mit sich selbst zuständig sind.

Sie denken auch extrem l a n g s a m! Sie versorgen diese Zentren mit Hilfe der permanenten Blickrichtung nach unten mit ununterbrochenen Reizen, auf diese reagieren zu m ü s s e n durch Hunger- und Durstgefühl. Es entwickelt sich ein Drang, sich kinästhetisch und olfaktorisch Gutes zu tun (rauchen) oder Sie erzählen sich, parallel zu Ihrer realen Arbeit, Pläne oder Bemerkungen. Stimmt es?

Also Ihr erster Schritt, wenn Sie sich zu Beginn eines aufkommenden, ungünstigen Reiz-Reaktions-Schematas ertappen:

**Augen hoch!!!!!**

Auch jetzt, beim Lesen! Blicken Sie nach oben, halten Sie das Buch höher oder neigen Sie Ihr Kinn in Richtung Brustkorb und lesen Sie dann an den Augenbrauen vorbei.

Lassen Sie zwischendurch Ihre Augen gezielt die Deckenkante abwandern. Suchen Sie Farben, Formen,

Muster, spielen Sie Malermeister/In Ihrer bildlichen Phantasie. Das heißt, machen Sie Rot zu Grün, Gelb zu Blau und Streifen zu Punkten. Trainieren Sie jetzt gleich: Sie sehen in Gedanken oben an der Deckenkante eine Fläche ... eine rote. Diese Fläche verändern Sie, indem ein silberfarbener Streifen von rechts nach links läuft.

Sie sehen jetzt auf zwei rote Flächen, von denen die untere gelb und die obere orangefarben ist. In die beiden unterschiedlich farbigen Hälften mischen sich blaue Karos ein ... formieren sich zu einem schachbrettartigen Muster. In den gelben Zwischenräumen bildet sich nach und nach jeweils ein dicker grüner Punkt ... Aus den orangefarbenen Flächen entstehen weiße Wolken, die sich langsam unter der Decke hervorlösen und sachte zu einem Fenster herausschweben, hinaus zum Himmel ...

Blicken Sie Ihnen nach und suchen Sie nach weiteren Möglichkeiten in Ihrem Arbeitsraum, um kreativ zu visualisieren. Vertauschen Sie mental die Farben von Gegenständen oder verändern Sie die Formen. Nur **lenken Sie** dabei **die Blickrichtung nach oben**.

Sollten Ihre Augenmuskeln leicht schmerzen, bzw. es kommt zu einem ungewohnten Unschärfegefühl beim Sehen, dann erkennen Sie bitte erneut für sich daraus das Signal und die Herausforderung, daß Sie unbedingt diese Augen- und Denkbewegung trainieren müssen!

Lassen Sie Ihre Denkrichtung nicht aus Gewohnheit oder Nachlässigkeit nach unten fallen. Sie richten damit nur eine gierige Unruhe in den K-O-G-Zentren Ihres Gehirns an. Bedenken Sie auch, daß das Training der Augenbewegungen zugleich zu einer erheblichen Verbesserung der Sehschärfe führen wird. Werden Sie ebenfalls unabhängig(er) von Ihrer Lesehilfe, der Brille oder den Kontaktlinsen!

Es gibt spezielles Augentraining, das Sie sicherlich wahrnehmen werden. Wann immer Sie nicht detailscharf sehen müssen: runter mit der Brille oder raus mit den Kontaktlinsen! Für dieses Programm - Ihre Power Line - wird auch **Ihr scharfes und natürliches Sehen gefordert und gefördert!**

Also noch einmal zusammengefaßt:

**Durch gezielte Augenbewegungsrichtungen sprechen Sie Ihre Sinneskanäle an. Sie sind** jetzt **in der Lage, zu entscheiden, wann Sie durch das Blicken in den jeweiligen Außenraum eine Intensivierung der V-A-K-O-G-Bereiche wünschen und ... wann nicht.**

Ihre Aufgabe daraus: notieren Sie sich jetzt sofort zehn Gelegenheiten, die Sie an Ihrem Arbeitsplatz - räumlich oder durch eine neue Arbeitsweise - ab sofort verändern werden, damit Sie ganz oft die Möglichkeit haben, Ihre Augen in den visuellen, schnellen Denkbereich zu führen. Notieren Sie dann weiter, was Ihnen diese Erkenntnis für Ihr übriges Leben bedeutet und was Sie nun entsprechend neu arrangieren werden. Hier bitte mindestens zwanzig Nennungen aus allen übrigen Lebensbereichen, wie Wohnung, Hobbies, Aktivitäten, etc.

Einige Anregungen dazu:

- Welche Augenblicke Ihres Tages sind größtenteils visueller Natur? Wann werden Sie durch entsprechende Blickrichtungsstrategien (Blickrichtung nach oben) visuelle Prächtigkeit deutlicher und farbiger aufnehmen?
- Wann am Tag gibt es Momente, die meist auditiven Charakter haben. Wann sind auch hier die auditiven Klangerlebnisse durch die Blickrichtung waagerecht in Ohrenhöhe zu intensivieren?
- Bei welchen Gelegenheiten des Tages werden Sie durch die jeweiligen Blickrichtungen (nach unten rechts) Stimmungen oder Empfindungen potenzieren?
- Wann ist es für Sie von Vorteil, durch Blicke nach unten links entsprechende Vorformulierungen, bzw. Texte zu planen? Zu welcher Zeit am Tag ist das am häufigsten?
- Bei welchen Anlässen werden Sie, ebenfalls durch einen nach unten gesenkten Blick, die olfaktorischen und gustatorischen Genüsse vergrößern, sprich Dinge schmackhafter machen?

Schreiben Sie bitte konkret, nach Zeitplan oder tages-chronologischer Folge, die Phasen des Tages auf, in denen Ihre jeweiligen Arbeiten oder Beschäftigungen entsprechende Blickrichtungen erforderlich machen, bzw. auslösen. Vergleichen Sie - so ganz nebenbei - aus Ihrer Erinnerung heraus, ob Sie parallel zu den Blickrichtungen dann auch gerade K-O-G-Bedürfnisse haben und wie Sie sie stillen.

Markieren Sie diese Phasen, samt der Zuführungen in Form von K-O-G, und schreiben Sie sich dafür Ersatzstrategien auf. Erstens, zweitens, drittens, ... .

Sie haben erneut eine Neu-Programmierung auf Ihrer Power Line vorgesehen. Sie wissen auch schon, wie Sie sich im konkreten Fall daran erinnern werden und können die tiefe Befriedigung und Freude vorspüren, die Sie erleben werden,

**wenn Sie wieder einmal durch Ihre Selbstdisziplin, Reaktionenvielfalt oder Unabhängigkeit von Reiz-Impulsen pro-aktiv sind, pro SICH SELBST!**

Und spüren Sie hin zu Ihrem K-plus, spielen Sie mit den Augenbewegungen. Bringen Sie sich bitte in Ihren Power-Zustand und blicken Sie dabei nach oben. Sie werden erleben, wie schwach die Empfindung dann ist.

Machen Sie es noch einmal:

**Stellen Sie sich fest hin, atmen Sie tief ein, denken Sie an den Power-Anker, er breitet sich aus, und dieses Mal blicken Sie nach unten rechts, vielleicht zu Ihrer rechten Hand, die gestisch ein Zeichen von Stärke und Erfolg ausdrückt.**

**Na...!**

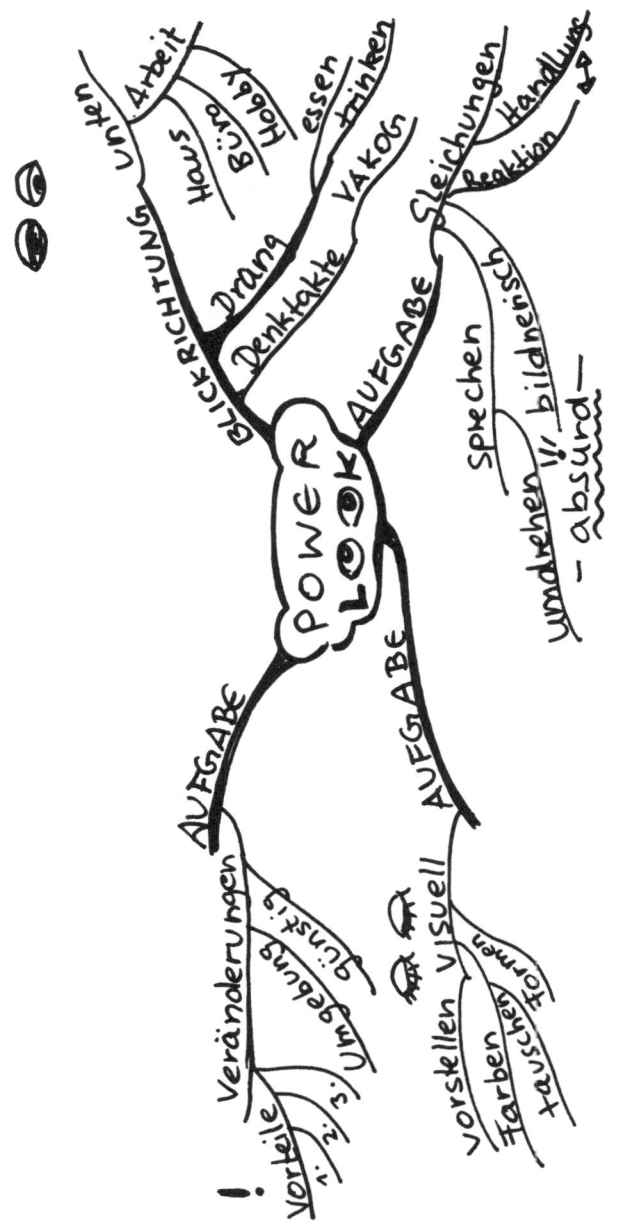

## IHR IDEEN-POOL

# 13. K-plus: Watch Your Power

Wir Menschen sind lustorientiert! Und das zu 100%! Wir haben eine Lust am Geben oder Gutes zu tun. Das Feedback daraus ist ein mannigfaltiges K-plus, wie Sie es bereits auch selbst erleben.

Und es ist zudem eine große Lust, uns SELBST zu erfahren und ständig zu erweitern im Sinne von Fähigkeiten zum Intensivieren von Lebensqualität. Das ist gut, denn Sie kennen sicherlich das Sprichwort, das besagt: »Erst, wenn man gut ist zu sich, kann man gut sein zu anderen.«

Alles, was Sie täglich erleben, erledigen oder an Aufgaben, Herausforderungen und Chancen erfahren: tun Sie es mit **freigewählter HINGABE UND FREUDE!**

Sie können sich inzwischen so gut selbst überzeugen oder motivieren, daß sämtliche - früher unfreiwillige - Aktionen von Ihnen umdefiniert oder neu-qualifiziert werden können.

Beginnen Sie ab sofort,
**bei jedem Seufzer oder jeder Beschwerde die möglichen Vorteile des „Doch-sofort-gerne-Machens" zu erkennen, sie sich zuzurufen und das Gefühl der Erleichterung vorzuspüren, die Angelegenheit schnell zu erledigen, um frei zu werden, frei zu sein** von der Aufgaben-Bürde.

Bemerken Sie die sprachliche Verbindung oder Gemeinsamkeit mit „Entlastung" von Hausrat, Körperschlacken, Überfluß, Gewicht oder Erledigungen!

Neben der Lustorientiertheit ist der Mensch ursprünglich bestrebt, seine eigene „Innere Balance" stets herzustellen, sie zu erhalten oder zu schützen. Alles drei ist in unserer heutigen Zeit und Kultur sehr vernachlässigt oder teilweise unmöglich geworden. Fehlendes Selbsterkennen oder eine mangelnde Selbstorganisation sind Zeichen dessen. SIE entdecken auf Ihrer Power-Line wieder viele, ganz natürliche Strategien und Möglichkeiten, **zu sich** zu finden und **mit sich** in **Einklang** zu bringen.

Hier lesen, hören und erleben Sie viele Tips. Die Schritte selbst aber, die müssen SIE tun oder üben!

> **Und immer daran denken! Wenn Sie es nicht tun, dann tut es auch kein(e) andere(r) für ... SIE!**

Wenn Sie sich vielleicht zu denjenigen zählen, die sagen, daß »dieses oder jenes nicht gehen wird, weil....«, dann ver(sch)wenden Sie sehr viel Zeit mit Überlegungen über ein Nicht-Funktionieren oder ein Nicht-Gehen. Viel zu viel Energie, Denkleistung und Konzentration **opfern Sie dem NICHT(!), statt dem, was wie gehen könnte und wird!**

Fragen Sie sich bitte einmal ganz schnell, was es nützt, wenn Ihre Gedanken auf einer Ebene - der Problemlösungsebene - um das Problem herumkreisen? Was konkret ist damit sichergestellt für die Zukunft, wenn Sie Denkkapazitäten besetzen mit einem „Ja-aber-Denken" oder einem verkultivierten Hinterfragen.

Suchen Sie sich eine entsprechende Situation aus, in der Ihnen einst durch ein Verharren in alten Positionen (nachträglich, von hier aus betrachtet) eine gute oder große Chance - egal wovon - entgangen ist.

Welche Gedankengänge hätten Ihnen damals geholfen, strukturiert und logisch, zu einem vorwärtsbringenden Resultat zu gelangen?

- Haben Sie damals aus GEWOHNHEIT „schwarz" gesehen, geurteilt oder gehandelt?
- Fehlte Ihnen der Zugang zu anderen Perspektiven, Gesichtspunkten oder Reaktionen?
- Kennen Sie vielleicht jemanden, die oder den Sie schätzen aufgrund ihrer oder seiner umfassenden Urteilsfindung?
- Wie gibt sich diese Person? Was ist dann gerade auffällig an ihr oder ihm? Sprache, Körperhaltung oder Gesichtsausdruck?

Ich bitte Sie jetzt herzlich um folgendes: Suchen Sie in Ihrer Vergangenheit, in Ihrem Umfeld oder aus einer Fernbeobachtung eine Person heraus, die eine besondere Entscheidungskompetenz auszeichnet. Lassen Sie

sich Zeit, vergleichen Sie ruhig mehrere Personen, bis Sie
zu der für Sie befriedigenden Wahl kommen: »Ja, das ist
sie oder er!« Bei der Gelegenheit: Was ist es, das Ihnen
zeigt, sagt oder Sie fühlen läßt, daß es diese Person ist, und
nicht die andere? Na..?

Gut! Nehmen Sie diese Persönlichkeit in Augen-
schein. Sie wissen schon: nach VAKO, eventuell auch G,
und vergleichen Sie dazu IHR herkömmliches, mutmaßli-
ches Tun. Notieren Sie sich die Ergebnisse.

Machen Sie daraus eine Liste von beobachtbaren
Verhaltensmustern. Was alles ist zu sehen, zu hören und
zu spüren, als die andere Person „weise" und vielschich-
tig urteilt, Entscheidungen fällt oder Pläne gestaltet?

Erstens, zweitens, drittens,..... .
Ermitteln Sie mindestens zwanzig Kriterien.

So, es geht weiter. Analysieren Sie künftig sorgfältig
Ihre Mitmenschen oder sich beim Treffen und Formulieren von Entscheidungen oder Plänen. Sie können
dann zum Beispiel folgendes Grundschema finden:

**Es findet ein strukturiertes, in-
ternes Rollenspiel statt, und jede
Rolle hat andere Denkauftritte und
Denkweisen. Es gibt eine streng
einzuhaltende Auftrittsanweisung
oder eine Reihenfolge, eine typische Kostümierung und Pose.**
Das ist alles!

Nun zur Benennung der Rollen:

- der Visionist darf ungehemmt TRÄUMEN und emotional wünschen;
- der Realist nennt MESSBARE FAKTEN und Bedürfnisse FÜR das jeweilige Denkprojekt;
- der Kritiker oder Oberrevisor hat die Pflicht, Fakten zu nennen, warum etwas NICHT funktioniert oder NICHT gehen wird, WEIL....!

Dies ist die Reihenfolge der Denkstrategie. Im Internen Dialog wird die Denkart der jeweiligen Rolle angenommen, quasi angezogen wie ein Mantel, und bei Rollen- und Kostümwechsel ergibt sich ein Perspektiventausch von Positionen, auch der Problemansichten.

Es ist sinnvoll, wenn Sie sich jetzt drei Blätter Papier besorgen, auf jedes den Namen der Rolle schreiben. Am besten in einer dazu passenden Farbe und Schreibweise. Überlegen Sich sich einmal drei mögliche graphische Darstellungen. Legen Sie dann die drei Bögen auf den Boden, so, daß sie in einer Art Dreieck mit ca. einem Meter Abstand voneinander liegen. Gut.

Sie haben vielleicht vorhin in Ihren Beobachtungsergebnissen schriftlich vermerkt, daß unterschiedliche Denkstrategien einen unterschiedlichen Habitus bedingen. Richtig: wenn man träumt, dann sind Körperhaltung und Gesichtsausdruck ein(e) andere(r), als wenn man sich kritisch mit einer Sache auseinandersetzt.

- Kritiker/Innen haben weltweit übereinstimmende Gesten, Mimik oder einen bestimmten Tonfall. Hier muß man, um den Überblick zu behalten, weit außen neben dem Thema sein und darf keinesfalls involviert sein in die Materie oder das Geschehen. Sollte es dennoch einmal geschehen, so macht man sich der Befangenheit „schuldig". Der Zeitbezug ist stark der Vergangenheit angelehnt und nur gegenwärtig, wenn es um konkrete Auswirkungen von historischen Werten oder Vergangenheitserfahrungen in Hinblick auf die Gegenwart geht. Das Kostüm ist recht trist und betont karg.

- Als Realist/In ist es erlaubt, in dem Thema zu sein. Überblick ist erwünscht, ebenfalls die Fähigkeit, künftige Bedürfnisse zu schätzen oder zu berechnen. Diese Rolle hat einen starken Gegenwartsbezug und den Auftrag, quasi wie als Berater Bedarfsfakten zu präsentieren. Das Kostüm dürfte dezent oder zeitlos sein. Die passenden Farben suchen Sie sich bitte selbst.

- Die Rolle der Visionärin oder des Visionärs gibt die Freiheit, zügellos zu träumen, zu wünschen oder zu planen. Die bevorzugte Zeitrichtung ist die Zukunft, das Kostüm ist ... wie auch immer ..., und in diesen Träumen bedarf es keiner Rechenschaft, keiner Bewertung oder Begründung. In dieser Rolle ist man total assoziiert, steckt vollkommen in der Vision und ist auch nicht ansprechbar auf Logik oder lineares Denken.

Zwischenfrage: was für ein Grundtyp sind Sie? In Ihrer Selbsteinschätzung: privat und oder beruflich? Gibt es situationsbedingte Unterschiede?

Bereiten Sie sich bitte auf einem Blatt drei Spalten vor und ordnen Sie IHRE jeweiligen Rollen den entsprechenden alltäglichen Gelegenheiten zu.

Doch nun zurück zu dem realen Rollenspiel mit sich. Sollten Sie sich gerade fragen, was das alles mit Power-Training zu tun hat, dann gebe ich Ihnen schon einmal eine Antwort, bevor Sie selbst danach einige finden.

Getroffene Wunschformulierungen, konkrete Visionen und die daraus resultierenden Entscheidungen stehen **vor** Handlungen, bzw. zielgerichteten Aktionen. Das bedeutet, daß die jeweils gewählte Entscheidung einen Einfluß auf den Handlungsverlauf hat, der sich daraufhin entwickelt. Das gesamte „Nachspiel" ist geprägt durch die Zielvision des Planes, Projektes oder Wunsches.

Also: je besser, ausgewogener, weitreichender und konkreter die Vorüberlegungen ablaufen, desto präziser greift die Aktion d a n a c h! Je überzeugter Sie von Ihrer Zielstrategie sind, desto besser können Sie das Erreichen des Zieles selbst in die Hände nehmen, es beeinflussen oder lenken. Und auch das bedeutet für SIE, Sie sind handlungskreativ und pro-aktiver!

Erfolgreiche und zielstrebige Persönlichkeiten verfügen - erlernt oder intuitiv entwickelt - über zeit- und energiesparende Entscheidungsstrategien. Sie können und wollen nicht IHRE Zeit mit ineffektiven oder verharrenden Lösungen verschwenden. Also beherrschen SIE auch hier ein kontrolliertes und selbstdiszipliniertes Verhalten. Diese Menschen haben vielleicht auch jenes Rollenspiel erlernt, das folgende Spielregeln hat:

**1.** Das (Gedanken-)Projekt wird sprachlich sauber formuliert, das heißt, es ist vergleichs- und negationsfrei. Es wird klar ausgedrückt, was das Ziel ist.

**2.** Das Rollenspiel beginnt auf der Position des Visionärs. Sie erinnern sich, daß Sie eben drei beschriftete Bögen Papier auf den Boden verteilten. Die Bögen stellen den Standort dar, auf den man sich in der jeweiligen Rolle begibt. Es empfiehlt sich dabei auch, all die Techniken anzuwenden, die ein Träumen oder „Spinnen" fördern. Also eine lockere Körperhaltung mit einem Tick hin zum stark Kinästhetischen. Das heißt, Hand- oder Armkontakt mit sich, denn in dieser Rolle ist man assoziiert mit sich und der Vision. Die Augenbewegungsrichtungen werden sich oben rechts und links und unten links oder rechts abspielen, denn die Bildspeicher werden *angetriggert* sowie das Gefühlsdenken und der „Innere Kommentar". Würde man real aus dieser Rolle heraus sprechen, dann wäre die Stimme eine ganz besondere, ebenso der dazugehörige Tonfall oder die Lautstärke. Auch die Sprache würde Eigenarten aufweisen. Um das nachzuvollziehen, bitte ich Sie, liebe Leserin oder lieber Leser, sich nachher einmal in diese Rolle hineinzuversetzen. Sie könnten sich sogar schon für später eine Aufgabe suchen, die Sie durchdenken wollen.

**3.** Nachdem die typische, durch den jeweiligen Körperanker bestimmende Pose eingenommen ist, beginnt die Visionärin/der Visionär rollengerecht zu träumen; so lange, bis die Vision steht.

**4.** Das Hinausgehen aus der Rolle geschieht durch ein sattes Ausatmen auf dieser Stelle. Verbunden ist damit natürlich ein K-plus der Zufriedenheit mit dem Denkergebnis. Das Ausatmen und bewußte Körperstraffen löst den *Separator State* aus, das heißt, Sie lassen die Rolle an dem Platz und nehmen kein Rest-Denk-Handeln mit in die andere hinüber.

**5.** Sich auf dem neuen Rollenplatz zurechtschütteln, bis eine Haltung eingenommen ist, in der ein realistisches Denken leichtfällt. Die Blickrichtung könnte mehr in der Waagerechten liegen, vielleicht hilft es, die Augen dabei zuzukneifen. Wie auch immer! Die Rolle des Realisten greift die Resultate des Träumers auf, bewertet und bemißt die erforderlichen Quantitäten, in der Gegenwart und aus ihr heraus, um den

Traum oder die Vision zu ermöglichen. Bereits vorhandene Teilergebnisse werden ebenfalls vorgetragen. Dazu gibt es bestimmt passende Hand- oder Fingerbewegungen! Und auch hier erst wieder aufhören, wenn kein Fakt mehr einfällt. Dann heraus mit einem bewußt gesetzten K-plus-Ausatem und

**6.** den Platz des Kritikers einnehmen. Körperlich und sprachlich *Rapport* mit der Rolle aufnehmen, bis spürbar das Denken in kritischen Bahnen gut eingerichtet ist. In dieser Rolle muß argumentiert werden, warum dieses oder jenes nicht geht, funktioniert oder gelingt, weil, ... Jedesmal erfolgt eine Begründung durch ein „weil" oder ein „denn". So lange kritisieren, bis kein Argument übrig bleibt. Ein K-plus atmen, raus aus der Rolle und

**7.** erneut beim Visionär anfangen, der oder die jetzt aufgrund der zwei anderen Denkpositionen die Vision modifizieren wird.

**8.** Die Positionen werden so lange durchgelaufen, bis ganz zum Schluß auf dem Platz des Visionärs der Wunsch konkret wünsch- und erfüllbar ist. Zu diesem Zeitpunkt soll ein sicheres und gutes Zielgefühl vorhanden sein (auch K-plus).

Was Ihnen vielleicht als sehr zeitaufwendig oder umständlich vorkommt, ist in der Realität nach einiger

Übung - wie so oft - meist innerhalb von sehr kurzer Zeit mental zu erledigen. Es ist sogar so, daß später diese sauberen Denkschritte unbewußt ablaufen und die richtigen Entscheidungen zeitschnell und energieschonend getroffen werden.

Sie werden selbst in Kürze ein Projekt durchgehen! Vielleicht können Sie es auch kaum erwarten, einmal so strukturiert und spielerisch zugleich vorzugehen.

**Genau:**
- **strukturiert & spielerisch - zugleich;**
- **linkshirnig & rechtshirnig - zugleich;**
- **in der Vergangenheit stehend, in der Gegenwart und in der Zukunft - zugleich;**
- **dissoziiert & assoziiert - zugleich;**
- **kognitiv & emotional - zugleich ...**

Sie haben bis hierher - seit Beginn und jetzt - so viel Durchhaltekraft gezeigt, daß ich sehr beeindruckt bin.

Wann und wo werden SIE in nächster Zukunft die Chance haben, diese Erkenntnisse über Entscheidungsstrategien oder -freude, Pro-Aktivität oder Handlungskompetenz brillant und vehement anzuwenden?

**„Powern" Sie sich ein**
**K-plus für heute & dann!!**

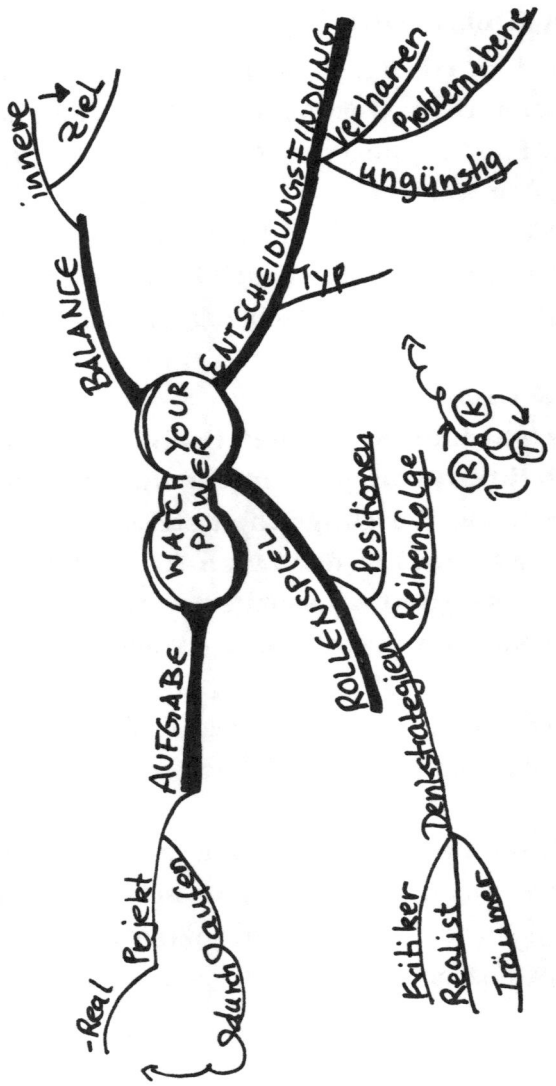

**IHR IDEEN-POOL**

# 14. K-plus: Powership

Nehmen Sie sich jetzt wieder ein Blatt Papier, legen Sie es quer und machen Sie sich darauf gefaßt, daß es Mind Map-Zeit ist. Sie mappen gleich Ihre Gedanken, Wertvorstellungen und Ansichten über ein Thema, das vom Wort und Inhalt her uns allen sehr wichtig ist. Ohne dessen Vorhandensein wir nicht leben können oder wollen, das dafür verantwortlich gemacht wird, wie wir im Leben stehen, Karriere machen oder auch nicht und was wir manchmal mit Beschwörungen herausfordern. Na?.....

Es ist das GLÜCK!

Glück ist ein abstrakter Begriff, dessen Inhalt wechseln kann und -zig unterschiedliche Bedeutungen hat. Was ist für Sie zum Beispiel »GLÜCK«? Welche Definitionen würden Sie gelten lassen, bzw. welche sind für Sie maßgeblich, damit mit diesen »GLÜCK« ausgedrückt ist?

- Zeichnen Sie bitte in die Blattmitte ein Symbol, das stellvertretend ist für »GLÜCK«; Ihrer Meinung nach.
- Verteilen Sie dann zehn Äste um diese Mitte und wählen Sie pro Ast/Bereich ein Wort, das für Sie für »GLÜCK« steht oder zu »GLÜCK« führt. Was alles paßt unter den „hochgechunkten" und *unspezifischen* Begriff von Glück? Zehn mal!

- Zeichnen Sie zu den Worten jeweils Bildkürzel oder Superzeichen.
- Mit welchem Bereich haben Sie zuerst angefangen? Welcher kam dann? Gingen Sie der Reihenfolge nach vor, im Uhrzeigersinn oder ungezielt? Kennzeichnen Sie mit Ziffern die Folge.
- Schauen Sie auf das Map, nehmen Sie eventuell Änderungen vor und beantworten Sie sich die Frage, ob das erstgenannte Zubringerwort von »GLÜCK« auch in Ihrer persönlichen Wichtigkeitshierarchie an erster Stelle steht. Das heißt, ordnen Sie die gewählten Wörter so (daneben, in Form einer Liste!), damit Sie danach sagen können, daß sie in der für Sie richtigen Reihenfolge stehen.
- Wo gibt es Abweichungen? Ist Ihnen eine logische Anordnung gelungen?

Sie können eine Systematik herbeiführen, indem Sie bei jedem Wort fragen: »Ist die Definition des Wortes wichtiger als die des nachfolgenden?« Oder: »Welche der zehn Nennungen ist die wichtigste?« »Welche hat also am meisten Vorrang vor den anderen?«

Mit Hilfe der Aufzählung können Sie für sich selbst erkennen, welche Ansprüche und Bedürfnisse Sie an »GLÜCK« stellen.

Fragen Sie sich weiter, ob und welche Hilfe(n) Sie für das Erreichen des jeweiligen Teilglücks (1-10) benötigen, von wem, wo und wann, und erlauben Sie sich höchst persönlich die Beantwortung, inwieweit SIE selbst mit

SICH und IHRER Kompetenz in der Lage sind, Ihr »GLÜCK« zu gestalten.

Stellen Sie heraus, in welchen Bereichen Sie welche Ambitionen oder Erwartungen haben, in welchen Abschnitten Sie was benötigen und wo es nicht gehen wird, weil... . Basteln Sie einmal in aller Ruhe an Ihrem Glücks-Map.

- Erweitern Sie das Map, das bis hierher ja nur aus zehn Ästen oder Strahlen besteht, durch Zubringer-gedanken, die die zehn einzelnen Begriffe näher erklären. Bringen Sie hier Ihre Gedankenflut ins Map und schmücken Sie es aus mit Bildelementen!

Haben Sie vielleicht »Gesundheit« als einen Teil-aspekt, der auch »GLÜCK« bedeutet, dann ergänzen Sie all die Punkte, die Sie bereits kennen, um selbst-bewußt Ihre Gesundheit zu fördern, denn dann führen sie ja folge-richtig zu »GLÜCK«! Ist das deutlich genug?

Verfahren Sie bitte mit den anderen neun Ästen genauso. Realisieren Sie dabei, daß bei allen Aktionen Lustgewinn in Form von »GLÜCK« für Sie herauskommen soll und wird.

## Jetzt!

Eine kleine Empfehlung nebenbei: Machen Sie doch einmal dieses Experiment mit Ihrem Partner oder Ihrer Partnerin, lieben Freunden oder Kollegen. Hören Sie einmal, welche unterschiedlichen Auffassungen für das kleine Wort »GLÜCK« genannt werden!

Gut, sehr gut bis hierhin! Ist es so, daß sich im Laufe dieses Programmes Ihre Vorstellung von »GLÜCK« gewandelt hat? Daß Sie Gefallen finden an puren Dingen? Daß sich Ihr Qualitätsbegriff in Richtung „wenig, aber top!" verlagerte?

Ja? Dann kommen Ihnen die Strategien Ihrer Sinnes-Intelligenz und die Gedankenschulung sehr entgegen. Ein wichtiger Schritt auf der Power Line, auf Ihrem Weg zur unabhängigen und frei handelnden, bewußten Persönlichkeit, ist die Fähigkeit, **sich - körperlich und emotional - selbst zu bestimmen.** Selbstverantwortlich zu sein in Hinblick auf Gesundheit, langes Leben, Wohlstand, gute Beziehungen und Partnerschaft oder anderes.

Können Sie sich in diesem Zusammenhang vorstellen, sogar eine Selbststeuerung in Hinblick auf Gesundheit, Krankheitsverläufe oder ein mentales Herbeiführen von besonderen Chancen zu bewirken? Bitte, sehr gerne!

Dadurch, daß Sie inzwischen über viele, sehr wirkungsvolle Möglichkeiten der NeuroMuster-Programmierung™ und des NLP verfügen, sind Sie immer besser in der Lage, Ihre mentalen Ressourcen einzusetzen, zu nutzen oder wertzuschätzen. Sie haben in Ihrem Lebensumfeld tüchtig „abgespeckt", sei es an

---

NeuroMuster-Programmierung™ ist eingetragenes Warenzeichen von Maria Beyer, Kiel. Bei allen weiteren Nennungen innerhalb des Buches wird bei diesem Begriff auf das Warenzeichensymbol verzichtet.

Körpermasse oder an Dingen, und bestimmt gehören Sie auch schon zu den Damen und Herren, die mit Befriedigung anerkennen, daß die Wahrnehmungsfähigkeit und -freude rasant zunimmt.

Kam es bei Ihnen auch schon zu einer Umbewertung von „Mind over Matter", das heißt, haben die Dinge oder Augenblicke, die per Sinne und geschärftem Denkstil erfahren werden, eventuell eine größere Wichtigkeit als ein Besitztum, in welch dinglicher Form auch immer?

Vermerken Sie auch, daß das Glück einer intensiven Wahrnehmung und mentalen Speicherung attraktiver und lastfreier ist als ein reales Speichern oder Bewahren? Wie schön!

Und es wird sogar n o c h mannigfaltiger!!!

- Sie sind nicht nur in der Lage, Erlebnisse medienfrei zu speichern oder zu erinnern, sondern Sie können auch **selbst-bestimmt** und zubehörlos durch Rückerinnerungen die Authentizität des Augenblicks in die Gegenwart holen und zum „Leben erwecken".

- Sie benötigen weder reale Hilfsmittel noch Gepäck, um eine persönliche Wahrnehmungsautonomie zu erfahren.

- Sie bevorzugen die neuen Sinnesqualitäten gegenüber denen aus der Zeit, als noch relativ sinnarm und unaufmerksam das persönliche Umfeld gelebt und archiviert wurde.

- Sie brauchen keine Masse mehr, um Sensationen zu empfinden. Ihr Bedarf an Reduktion ist gestiegen - an einer Reduktion, die die Quantität durch Qualität ersetzt.
- Sie empfinden tiefe Freude an der fast meditativen Betrachtung und Zusichnahme von Nahrung.
- Mit einem Satz ausgedrückt:

**IHR**

Bewußt-**SEIN**

**IST ERWEITERT!**

Stellen Sie bitte sogleich ein weiteres Mind Map her, das das Thema »ERFOLG« hat. Also in den Kern das Wort »ERFOLG«, bzw. ein Bildsymbol, das für Sie Erfolg darstellt.

Schreiben Sie auf die Zweige und Äste,

- wie Sie Erfolg für SICH definieren;
- was der Ausdruck dessen ist;
- die Dauer des Erfolges, bzw. den Zeitraum;
- was alles notwendig ist für »ERFOLG«;
- was davon genau in den mentalen, körperlichen oder finanziellen Bereich fällt;
- was Sie dafür alles tun;
- was Sie planen, um »ERFOLG« zu nutzen, auszuleben, bzw. mit anderen zu teilen;
- ob und inwiefern Sie Veranlasser/In sind (proaktiv) für Ihren Erfolg oder ob Sie abwarten, daß er sich „irgendwie" einstellt;

- Ihre Motivation zu diesem Erfolgsbegriff.

Motivieren Sie sich durch einen Drang des „Weg-von-Etwas", wie weg von Schwunglosigkeit oder Abhängigkeit, oder fühlen Sie sich „hingezogen zu" Ihrem neuen und selbstverantwortlichem ICH?

In diesem Fall werden Sie Erfolg oder Ihre Ziele leichter und effektiver erreichen, wenn Sie dabei relativ spannungsreich und in guter mentaler und physischer Kondition angetreten sind. Das sind exakt die Komponenten, mit denen Sie sich spätestens seit Beginn Ihrer Power Line beschäftigen und die Sie in Ihr Verhaltensrepertoire aufgenommen haben.

Ist es so?

**Jaaahhh**!!

Und vielleicht möchten Sie gerne wissen, inwiefern und warum Ihre Motivationsorientierung von Bedeutung ist. Hier ist eine Erklärung:

So mancher Mensch orientiert sich überwiegend oder ausschließlich an der Vergangenheit und an übernommenen oder erlebten Erfahrungen. Traditionen und Werte sind ihr oder ihm „heilig". Der Weg durch Gegenwart und Zukunft ist geprägt durch ein ständiges Überprüfen und Vergleichen der Gegenwart mit Blicken in die Vergangenheit. Dieser Mensch ist nicht allzu zukunftsfreudig oder zukunftsorientiert.

Auf dem Weg nach vorne, auf dem er sich quasi mit dem Rücken zur Vorwärtsrichtung - immer das Gesicht zur Vergangenheit hin - bewegt, kann er zwar besser

Rückgriff auf die Vergangenheit nehmen, doch er wird schnell über Hindernisse, die bei dieser Gangart hinter ihm liegen (eigentlich vor ihm), stolpern oder von ihnen zu Fall gebracht werden.

Sollte er öfters fallen, was in der Tat unvermeidlich ist, so entsteht regelmäßig in ihm die Überzeugung, daß es sehr unwegsam und gefährlich in der Gegenwart/Zukunft ist.

»Wie gut,« denkt er sich, »daß ich meine Werte und Lebensweisheit aus der Vergangenheit hole. Da weiß ich, was ich habe! Da kann ich alles gut überschauen!«

Ein anderer Mensch bewegt sich durch sein Leben - seine Gegenwart und Zukunft - mit dem Gesicht nach vorne. Er sieht gelegentlich auch nach oben oder unten, links oder rechts, doch seine Blickrichtung ist nach vorne gewandt. Er läßt schnell sämtliches Erlebtes und die Erfahrungen hinter sich, sieht nicht zurück und hat sein Leben „vor sich". Er wird unzählige Male wiederholt gute oder schlechte Erfahrungen machen, aber da sie schnell beim Vorwärtseilen aus dem Blickwinkel verschwunden sind, kann er sie kaum als Bewertungsmaß nutzen. Sein Interesse gilt allem Neuen, allen Trends und er ist ein „Prä-Insider" in allen Lebenslagen.

Er empfindet sich als Trendfühler, allerhöchstens als Trendsetter. Daß er auf seinem Weg nach vorne auch des öfteren stolpert, nämlich dann, wenn er in die Luft guckt oder „nach den Sternen greift", ist für ihn nicht allzu tragisch. Er rappelt sich auf und weiter geht es … . Sobald sich eine Sache etabliert, eilt er vor, und sie ist sogleich hinter ihm auf seiner Time Line durch die Zeit.

SIE werden und sollten beides können und situativ einsetzen! SIE haben sich im Laufe dieses Programmes effektive und elegante Gangarten zugelegt, die es Ihnen ermöglichen, kontextabhängig aus der Vergangenheit zu schöpfen oder die Visionen der Zukunft zu erkennen.

SIE bewegen sich geschmeidig und teilen sich Ihren Energieaufwand günstig ein. SIE sind dabei weder der Vergangenheit besonders verfallen noch der Zukunft. SIE stehen mitten im Leben, nutzen die Erfahrungen der Vergangenheit und Gegenwart, um sie optimal als „Sprungbrett" in die sofortige Zukunft zu nutzen; schon in der nächsten Sekunde, und so weiter. Nützen Rückgriffe in die Vergangenheit nichts, so vermögen Sie sich der Zukunft zuzuwenden oder auch einmal Seitenblicke über Ihren „Tellerrand" zu riskieren.

Wie? Es geschieht bereits (un-)bewußt, nachdem Sie so intensiv Ihre Power Line verwirklichen! Alle bisherigen Schritte darauf sind Abschnitte und Teile des Ganzen und der Intention, SICH zu optimieren.

Vergleichen Sie nun die drei beschriebenen Typen, so können Sie bestimmt erkennen, zu welchem Typ Sie einst zählten; einst,

- als Sie vielleicht noch mit Hilfe von Dingen Erinnerungen hegten und wachhielten durch eine bloße Objekt-Präsenz, oder einst,
- als Sie an Quantitäten - egal wovon - hingen und eine große Verharrungstendenz besaßen, mit dem

Rücken zur Zukunft zu stehen, bzw. satt und
zufrieden im Jetzt zu verweilen, oder einst, als Sie
• nicht erkannten, daß dieser Stillstand gleichbedeutend ist mit Rückschritt, Passivität und Mißachtung
Ihrer Kompetenzen und Möglichkeiten.

Überlegen Sie sich bitte einmal, wie die Sprache die
verschiedenen Motivationsrichtungen ausdrückt. Einige
Beispiele dazu: „fest im HIER verwurzelt sein", oder „alles
hinter sich lassen". Schreiben Sie so viele Redewendungen oder Begriffe pro Typ auf, die Ihnen dazu einfallen.

Welchen Satz haben Sie davon am meisten verinnerlicht, bzw. welcher spiegelt Ihre „Hausphilosophie"
wider? Und: Welche Auswirkungen hatte die Befolgung
dieser Formulierung in Ihrer Vergangenheit? Gibt es
Auswirkungen bis hinein in Ihre Gegenwart? An welcher
Stelle - auf Ihrer Time Line der Vergangenheit - hätte eine
andere Entscheidungswahl die Lebenslinie anders ge-
formt? Gehen Sie in Gedanken hin zu der Zeit und dem
Ort. Betrachten Sie die Situation und genau den Augenblick von außen - wie ein kundiger Ratgeber -, und stellen
Sie fest, ob damals eine „Weg-von-Entscheidung" stattfand oder eine „Hin-zu-Wendung".

Betrachten Sie ganz neutral und objektiv (dissoziiert),
welche ausgewogene Mischung aus Vergangenheitsbe-
zogenheit, Gegenwartsbeachtung und Zukunftsausrich-
tung Ihnen geholfen hätte, diese Situation „irgendwie"
optimaler und für heute günstiger zu gestalten. Und Sie

wissen bereits, während Sie diese Zeilen lesen und bedenken, daß es für Sie auf Ihrer Power Line von Vorteil ist, eine gehörige Bereitschaft an „Hin-zu-Verhalten" an den Tag zu legen.

Sie kennen bereits einige Möglichkeiten:

**1.** Eine ist zum Beispiel das Denken und Durchschreiten der Rollen des Visionärs, des Realisten und des Kritikers. Sie schöpfen aus, in und von allen relevanten Zeit- und Denkebenen entscheidungsförderliche Hin**weise**, die dann, ausgewogen berücksichtigt, zu einer Zielfindung führen.

**2.** Desweiteren kennen Sie die mentale Spielerei eines „Inneren Kinos". Sie sehen auf einer Leinwand den Zukunftsfilm, wobei Sie entscheidende Passagen attraktiv und verlockend gestalten, so, daß Sie eine sehr starke Anziehung verspüren, dieses Zukunftsbild real zu erreichen, um sich dann in einem vollem K-plus zu aalen.

**3.** Oder was ist mit dem Mind Mapping von Creationen wie dem Rückzugsort? Gestalten Sie bei nächster Gelegenheit, wenn Sie für künftige Erfolge, Ziele oder Pläne nicht den richtigen Schwung haben, ein Mind Map, in dem der Erfolg, das Ziel oder was auch immer nach V-A-K-O-G durchdacht und notiert wird. Nutzen Sie dabei wiederum die Kraft von Symbolen und Farben.

Vielleicht fallen Ihnen auch andere Vorgehens-
weisen ein, die Sie bereits erfolgreich vornehmen und die
ich nicht nannte. Jetzt SIE!

**Schaffen Sie sich Ihre Motivationen mit Hilfe
dieser oder anderer Denkdisziplinen.**

Nehmen Sie sich bitte auch vor, Ihre Entscheidungen daraufhin zu untersuchen, welche Motivationsrich-
tung zugrundeliegt.

Und Sie wissen vielleicht auch, daß der Umgang mit
Zeit und die Beschäftigung mit Zeitorganisationsstrate-
gien in einer Verbindung stehen zur Eigenautonomie und
dem Selbstverständnis sich gegenüber und dem Beruf.
Wären Sie wenig überzeugt von Sich und Ihrer Le-
bensplanung, dann würde Ihre Vorgehensweise mit dem
Rücken zur Zukunft oder zur Zeit gewandt sein. Für Sie
gäbe es somit viel zu viel zu bedenken, zu koordinieren
oder zu erahnen, was Sie mit bestem Willen und Geschick
als ein „Weg-von-Typ" nicht leisten können. Eventuell
kennen Sie eine Person, die von der Zeit quasi erschlagen
wird, bzw. von Fremdbestimmung, und das nicht nur von
Vorgesetzten.

Eine Umorientierung der Eigenmotivation und eine
Selbst-Stärkung werden hier einen pro-aktiven Umgang
mit Zeit und Zeitmanagement bewirken. Sind SIE im
Alltag durch Selbstbestimmtheit und große Eigenwirk-

samkeit ausgezeichnet, so wird Ihnen Ihr Zeitumgang effektiver gelingen. Sie sind „Hin-zu-motiviert", gebrauchen bei Ihren Entscheidungen Erfahrungen aus der Vergangenheit als Referenz - oder auch nicht - , können aus mehreren Positionen beurteilen und mit Hilfe von günstigen Überlegungen Planungen entwickeln, die gut in die Zeit passen und SIE nicht bedrängen! SIE beherrschen auch, dank Ihrer wachen Wahrnehmung, die Kunst der multi-sinnreichen Datensammlung, die Sie dann rasch, zum Beipiel per Mind Map, sichern und schnellstens erinnern können. Die auf diese Art und Weise gewonnene Zeit werden SIE für andere Dinge nutzen. Und nur Sie wissen, was es sein wird oder ist.

Und ich bin überzeugt, daß es SIE weiterbringt.

SIE können mittlerweile auch gut unterscheiden zwischen den Dingen, die für Sie dringend sind oder wichtig; oder was man Ihnen als dringend oder als wichtig darstellt. Überlegen Sie bitte einmal für sich:

- Worin bestehen die Unterschiede?
- Woraus besteht Ihre Arbeit? Privat und im Beruf?
- Was wäre ein sogenannter „Zeitkiller", d.h. eine Erledigung, die Ihnen keine meßbaren Erfolge bringt, sondern nur Zeit nimmt, die SIE erledigen (müssen), obwohl sie nicht wichtig ist und nicht dringend!
- Was können Sie von diesen Beschäftigungen abgeben, um sich IHREN Aufgaben zu widmen, in denen SIE nicht ersetzbar sind?

• Was ist sofort zu tun, zu ändern, zu unternehmen, damit SIE künftig - sofort - nur noch Dinge tun, die zwar wichtig sind, aber nicht so sehr dringend? Also auch hier wieder: Qualität vor Quantität!

Spielen Sie einmal Ihre Zeiteinteilung durch und bestimmt entdecken Sie Situationen oder Chancen, die Sie künftig klüger und für SIE günstiger handhaben, damit mehr Freiraum und Bedingungen zur Selbst-Steuerung für SIE dabei geschaffen werden!

Und jetzt, nach so viel Theorie und „Linkshirnigkeit" viel gegenpoliges, besonderes und ausbalancierendes Vergnügen:

**von mir an SIE die Empfehlung, extrem genußvoll „Body Care" zu betreiben, im Sinne von**
**viel V,**
**viel A und**
**viel Kaaahhh!**

**Jaaaah!**

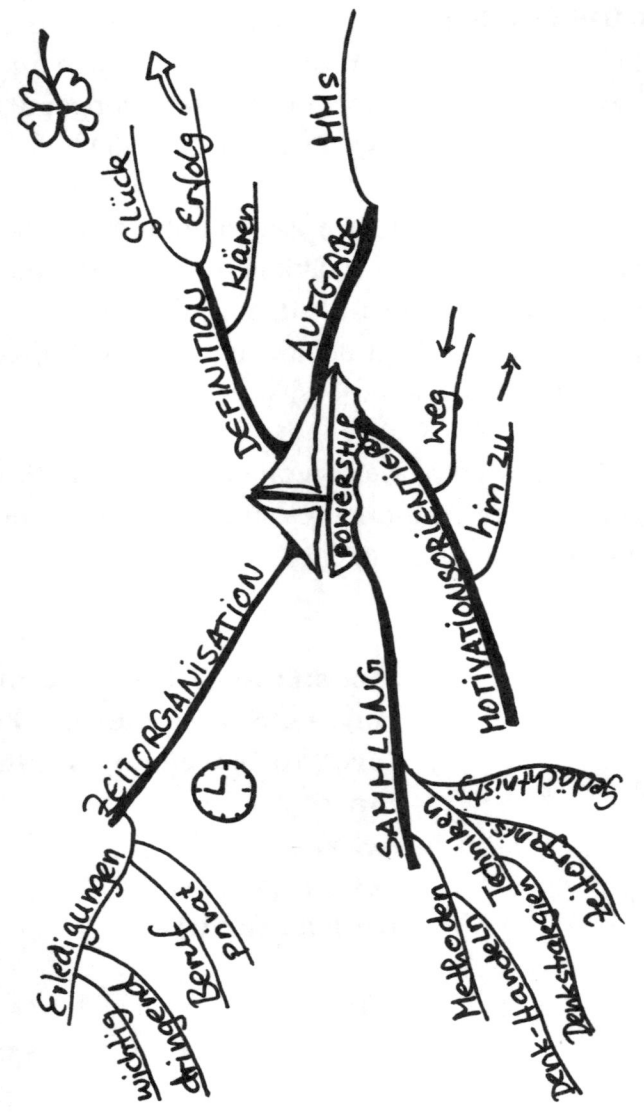

# IHR IDEEN-POOL

# 15. K-plus: Corporate Vision

Hallo und noch einmal willkommen!

Ihnen ist sicherlich aufgefallen, daß die vorherigen Abschnitte eher grundsätzliche Bemerkungen und Empfehlungen für Ihren weiteren Weg auf Ihrer Power Line beinhalteten.

Ich denke, daß Sie im Laufe dieses Programmes schon so viele Handlungs- und Denkerweiterungen praktisch kennengelernt und verinnerlicht haben, daß Sie wohlgesonnen von dem einen oder anderen theoretischen Konzept erfahren möchten, welches Ihrem kognitiven Bedürfnis auf Hintergrundwissen entgegenkommt. Ist es so in Ordnung? Ja?!

Gut, heute besteht Ihre große Aufgabe darin, sich einen Eindruck über Ihre jetzige & künftige

### »CORPORATE VISION«

zu verschaffen.

Ganzhirnig, mit sämtlichen Potentialen IHRES (Unter-)Bewußtseins, gelingt mit Hilfe eines Mind Maps IHR Zukunftsbild IHRER Selbst! Na, ist das was!

Man hört so viel von „Corporate Identity" im Zusammenhang mit Firmenzusammengehörigkeit oder jener Identifizierung zu einer solchen; das stolze Eigenbekenntnis der eigenen, gegenwärtigen oder künftigen Individualität wird eigentlich nie oder selten kultiviert.

Für SIE - nach dieser bedeutenden Zeit und Aktivität des Selbst-Stylings - ist der Zeitpunkt gerade recht, eine ART Zwischenbilanz zu ziehen, bzw. um recht konkret Ihr neues Image zu kreieren oder abzubilden. Sie wissen auch, daß Sie in das Mind Map immer wieder Ergänzungen einbringen, einarbeiten oder vorsehen können. Das Mind Map ist insofern ein Spiegel Ihres eigenen persönlichen Wachstums. Es zeigt eine nach außen gehende Dynamik oder Offenheit; genau wie SIE!

Das bedeutet dann auch gleich: Sie nehmen sich ein neues Blatt, vielleicht sogar im Posterformat! Arbeiten Sie wieder mit vielen Farben, berücksichtigen Sie dabei deren Wirkung, bebildern Sie das Map, und sehen Sie einen geeigneten Platz vor für einen effektiv wirkenden Motivationssatz!

**Erwarten Sie von SICH und für SICH ein Kunstwerk! Mit anderen Worten:**
**SIE sind im Kern DAS Kunstwerk!**

Kennen Sie die Aussage, daß jeder Mensch eine Selbst-Schöpfung ist, sich selbst als einen kreativen Akt verstehen darf!

Dies bedeutet, daß durch Selbstorganisation, Selbststeuerung und die Unabhängigkeit von Außenreferenzen oder Fremdmanipulationen eigene Potentiale erweckt werden, um SICH SELBST frei zu gestalten und zu erleben.

Einher geht die Erkenntnis, daß für dieses Ziel und für unsere Zeit ein Ballast an Körpergewicht und dinglicher Umgebung, eine Abhängigkeit von Ersatzkapazitäten welcher Form auch immer, zu einer Inflexibilität und Trägheit führen.

Die Verlagerung von Ding und Gut ins Mentale kommt einem „*Quantensprung*" gleich oder einem *Paradigmenwechsel* innerhalb der eigenen Persönlichkeit.

Kriterien sind jetzt eine Handlungs- und Verhaltensautarkie in Richtung Selbsterkennung, Selbstentwicklung, Selbstgestaltung und Selbstverantwortlichkeit, wobei sehr stark die Miteinbeziehung der Umwelt, der Gegenwart und Zukunft, sowie zwischenmenschlicher Erlebensformen gefordert ist.

Die Idee ist, daß jede oder jeder von uns die umweltliche Welt mit Respekt, Pro-Aktivität oder Zuneigung „belebt", wenn sie oder er sich ausreichend SELBST zum Vorschein bringen kann.

Das geschieht durch das Ent-Wickeln (latent) vorhandener oder versteckter Potentiale in sich und aus sich. Nachdem diese erweckt worden sind, werden SIE ein Leben lang auf immer neuen Ebenen zu einer kurzzeitigen Vervollkommnung gelangen, um dann erneut zu weiterem Wachstum angeregt zu werden.

Es wird auf diesem Power Line-Parcour viele Verzweigungen geben oder diverse Aktionsmöglichkeiten, die umsichtige Entscheidungsstrategien erfordern. Die Denkvirtuosität, die all das lenken und geschehen machen kann, wird die der Divergenz (Mind Map!)

und der Eigenreferenzialität sein. Das bedingt insgesamt natürlich ein großes Maß an gemeinsamem, sozialem Zutrauen innerhalb von menschlichen Strukturen.

SIE haben inzwischen mit Hilfe dieses Programmes weitreichende Erfahrungen mit den oben genannten Vorgängen gemacht. SIE haben ein eventuell von früher praktiziertes und eingefahrenes Produkt-Denk-Handeln ergänzt durch Prozeß-Denk-Handeln.

Auf diese Art und Weise ermöglichen Sie sich eine vielschichtige Bewegungsspanne an realem und mentalem Bewußtsein. Das gesteigerte Qualitätsbedürfnis steht auch dafür, das SIE allein zur Qualität definieren können - oder auch nicht! Auf ein Wort gebracht: es ist SELBST-MANAGEMENT im Kern, das Auswirkungen hat auf die äußeren Kreise; wie Wasserringe auf einem Teich!

Die bereits vorhandene und noch zunehmende Vielfalt an Produkten, Informationen, Erlebniswelten, und eine immer kürzer werdende Zeiterscheinung der Moden, Strömungen und Tendenzen machen eine besondere Art des Umgangs damit notwendig!

Eine Handlungs- und Denkeffektivität, entwickelt aus den derzeit günstigsten Denk- und Handlungsmodellen, **bietet** hier **größte Chancen einer Miteinflußnahme** auf sich selbst und die Prozesse der *Autopoiesis.* In diesem Zusammenhang heißt das, daß die Qualität aus sich selbst geschöpft wird. Der Qualitätsbegriff gilt für sich selbst in allererster Linie, wobei dann die Umgebung folgt. Da jedes Individuum im Zentrum oder Kern (Mind

Map!) seines Welterfahrens ist, ist es natürlich bestrebt, durch mentale und physische Fitness und stete Lernbereitschaft die Bereiche, die um es herum sind - so das familiäre Umfeld, das berufliche, ökologische und gesellschaftliche - auf einem hohen Qualitätsstandard - selbstgesteuert - zu bringen und zu halten, wobei hier der Wert gelegt werden wird auf langfristige Qualität. Innerhalb des Wunsches nach langfristiger Qualität, langandauerndem Erfolg oder anhaltender Gesundheit sind jedoch permanente „Kurskorrekturen" vorzunehmen, die durch genaue Wahrnehmung der Umfeldbedingungen geschehen.

SIE sind wahrnehmungsoffen, flexibel und pro-aktiv. Insofern ist für Sie ein waches und dynamisches Prä- und Re-Agieren auf die Welt und die Zukunft eine willkommene und akzeptable Herausforderung. Um in diesem Zusammenhang einen weiteren Begriff einzubringen: *Verhaltenskybernetik.*

Wie könnte jeder von uns pro-aktiv sich, seine Umgebung und sogar ganze Sozialgebilde stärken, wenn im innersten Kern der eigenen Persönlichkeit Handlungs-, Verhaltens- und Denkabhängigkeiten und Schwächen vorherrschen, ihn oder sie beherrschen.

Merken Sie jetzt auch gerade, was das Mind Map dabei leisten kann, und später, wenn Sie bei entsprechender Übung immer mehr mentale Mind Maps entwickeln oder bei Bedarf divergent denkhandeln. Oder das mentale Prä-Agieren, die mentale Speicherung von Sinneswahrnehmungen, das Kreieren von Rückzugsorten oder Zielstrategien! Ein voll-sinniges Schöpfen von Sinnesangeboten der Außenwelt!

Im Laufe Ihrer Power Line hat sich bei Ihnen einiges an neuen Zukunftsprogrammen ergeben, die abweichen von früherem Verhalten, das einst durch eine unbedachte Nachlässigkeit geprägt war, mit sich und der Welt umzugehen. Machen Sie sich einfach jetzt einmal Notizen, Gedanken, Visionen oder konkrete Pläne, die davon handeln, wie Sie künftig (oder bereits jetzt schon) für sich Qualität und Bewußtheit praktisch erfahren, ausüben oder leben. Bitte als Mind Map! Mit vielen Bildern, Symbolen oder entsprechenden Farben. Sie können auch gerne Collageteile einkleben, Fotos, Abbildungen oder andere Dinge.

Ich nenne Ihnen gleich einige Gedanken, Überlegungen oder Hinweise, die Sie bitte in Ihrem großangelegten Map berücksichtigen und einarbeiten. Sie erinnern sich: dieses Mind Map wird ein visuell-graphisches Feuerwerk an Erkenntnissen, Bekenntnissen, Zielformulierungen, Möglichkeiten, Wünschen oder Ausblicken!

**Machen Sie es mit allergrößter Hingabe und Begeisterung. Arbeiten Sie auch weiteres ein und schenken Sie sich viele K-plus dabei, jedwelcher Art! Sie werden**

**viele starke Emotionen verspüren
und ein Prickeln durch Ihren Fort-
Schritt!**

Ich bitte Sie nun, die folgenden Punkte in dem Mind
Map zu berücksichtigen. Es sind zunächst die graphischen Aspekte:

- Wie könnte Ihr Logo aussehen, Ihr persönliches,
  individuelles Wappen, Zeichen oder Symbol?
  Welche Farben sind es? Gibt es Schrift?
- Welchen Namen geben Sie sich? Welche (neue)
  Anrede, und dabei bitte ein „ICH" statt des „Du". Sie
  wissen noch: es ist die Eigenverantwortlichkeit, die
  in einem ICH innewohnt. Das „Du" in der eigenen
  Anrede deutet auf eine Auslagerung von zum
  Beispiel einer Aufgabenlösung hin.
- »Wie sehe ICH künftig aus?« Also bitte einen Be-
  reich vorsehen für die äußere Erscheinung.
- »Was ist dafür noch alles von MIR zu tun?« Sei es mit
  Ernährung, durch Übungen, mit Hilfe von weiterer
  Literatur oder Seminaren: was, wo und womit
  genau? Sofort?
- »Wo werde ich Urlaub mit mir selbst verbringen?«
  Wo, wann und wie? Und in diesem Zusammen-
  hang: »Wo, wann und wie gebe ich mir Ruhe und
  Entspannung, um genau dann Kommunikation mit
  mir selbst zu betreiben!«

- »Wie beschreibe ich mich?« Welche EIGEN-ART
  macht Freude und ist günstig, welche wird abge-
  wandelt? Tragen Sie in dieses Feld Ihre Wesens-
  und Charakterzüge ein.

- Gehen Sie ein wenig in Ihre Vergangenheit und
  finden Sie vielleicht heraus, welche negativen und
  positiven Erfahrungen Ihr Verhalten beeinflußten,
  bzw. welches Verhalten Spuren schuf. In diesem
  Abschnitt lassen Sie eine kleine Revue Ihres bisherigen Lebens passieren, völlig dissoziiert als
  neutrale Beobachterin oder als anonymer Beob-
  achter. Beachten Sie auch Ihre (früheren) Strategien und Programme, die damaliges Sicherheits-
  denken unterstützten. Alle Antworten in Form von
  Schlüsselwörtern in das Mind Map. Sie sehen, das
  Mind Map eignet sich vorzüglich für Analysen und
  Studien.

- »Was ist zu tun, damit ich meine Ernährung aus-
  wärts und zu Hause optimalisiere?« Notieren Sie
  bitte in einem anderen Teil Ihre Kombinationen,
  „Tricks" oder Vorbereitungen, um beispielsweise
  für IHRE körpergerechte Ernährung verantwortlich
  sein zu können. Was ist zu tun?

- »Was werde ich alles an K-plus erhalten, gewinnen
  und erleben, wenn ich auf meiner Power Line
  bleibe?" Tragen Sie bitte hier auch alles ein, was im
  Fall eines Aufgebens (nicht) geschehen wird und
  was Sie alles versäumen oder eventuell auch gewinnen werden. Auf einen anderen Zweig schreib-

zeichnen Sie die Dinge, Werte und Vorteile, die eintreten werden, wenn Sie weitermachen.

- »Was alles beherrsche ich an Techniken, Denkmodellen oder Verhaltensprogrammen, die mich unabhängig machen in Gegenwart und Zukunft?« Bereiten Sie einen Bereich vor für Überlegungen, die die Zeitlichkeit von Dingen, Menschen und Lebensrichtungen behandeln. Finden Sie IHRE Möglichkeiten des Umgangs mit dem Trend, daß die Zukunft im Kopf ist, bzw. sogar das gesamte subjektive Erleben. Was alles warfen Sie im Training über Bord, bzw. wo überall und wobei konnten Sie los-lassen, weg-geben oder sich entlasten?

- »Welchen Zuwendungszwang mir gegenüber oder andere Menschen betreffend konnte ich bereits ablegen?« Sie werden mit Wohlgefallen realisiert haben, daß Bindungen in mitmenschlicher oder materieller Beziehung tatsächlich binden oder ziehen; teilweise auch verhindern, pro-aktiv, flexibel und unerwartet reagieren zu können.

- »Welche Gelegenheiten konnte ich bereits in eigene „Nischen" für MICH einrichten?« So zum Beispiel im mentalen Rückzugsort, oder wie und wann noch?

- »Welche Erfolge erlebe ich im Bestreben, Qualität zu erreichen durch ein Reduzieren von Wahlloskonsum oder sinnfauler Wahrnehmung?« Haben Sie viel per Mind Map archiviert oder sogar schon sehr viel mentale Lagerprogramme eingerichtet? Wie hoch ist hierbei Ihr Grad an Leichtigkeit, Unabhängigkeit und Mobilität?

- »Wie hat sich seitdem mein Umgang mit Geld verändert?« Legen Sie kontinuierlich einen gewissen Anteil für Ihre Zukunft an? Organisieren Sie für sich die bewußten Kaufstrategien und Ausgaberegeln?
- »Welche K-plus gebe ich mir ganz oft?« »Wo und wann und bei wem erlebe ich sie sowieso? « Tragen Sie hier bitte ein, welche sinnvollen Methoden SIE anwenden, um sich in diesen guten Zustand zu bringen, bzw. bei wem und von wem geschehen viele K-plus-Momente. Was werden Sie noch alles tun und mit wem?

Tragen Sie bitte Ihre Überlegungen, Ergebnisse ins Map ein, zelebrieren Sie die Zeit, die SIE das tun. Es darf auch ruhig etwas länger gehen. Nur fangen Sie **sofort** an, geben Sie sich Ihr Zukunftsbild und Sie wissen, daß SIE auf diese Art und Weise die Programmierung dessen SELBST in Gang setzen.....

BITTE ... JETZT!

DANKE

Und jetzt von MIR an SIE ein „Blumenstrauß" an Ausblicken. Jede Ihrer Erfahrungen ist wie eine Blume von ganz unterschiedlicher Farbe, Größe oder Form. Sie ist von unterschiedlichem Artengeräusch geprägt und ruft vielfältige Gefühle hervor. Sie hat jeweils ein neues und andersartiges Bouquet und vielleicht Aroma. Insgesamt ist es ein unglaublich schöner und sich stets verändernder Strauß! SIE wissen ... Nun, in den bisherigen Programmabschnitten konnten Sie

- quasi spielerisch eine Virtuosität trainieren und erlangen für genau die Bereiche, die Ihre Lebensqualität steigern werden.
- Sie können mittlerweile Ihre Lust auf Lust, Autonomie und Autarkie selbstverantwortlich und genügend bedacht ausschöpfen.
- Sie sind zudem in der Lage, Ihre natürliche und gesunde Lebensgier nach innen und außen sinnreich - aber auch komprimiert - auszubreiten. Sie erfuhren unmerklich und quasi nebenbei, wie Sie Ihre und die Bedürfnisse anderer vereinen können zum gemeinsamen Nutzen aller. Das geschah, als Sie zum Beispiel Fragestrategien vornahmen, die alle Zeitebenen betrafen unter der Miteinbeziehung von Mitmenschen und der Umgebung oder durch eine Gedankenwanderung in einem Mind Map.
- Sie nahmen neue Erkenntnisse und Erfahrungen mit auf der mentalen Reise in Innenwelten und Außenwelten Ihrer (geheimen) Wünsche.

- Ihr Umgang mit den anderen, neuen Realitäten bedingt eine besondere physische und mentale Fitness. Parallel dazu erleben Sie, was Sie körperfreundlich für Ihre Ernährung und Erhaltung tun und wie Sie auf sie achten.

- Sie bemerkten ebenfalls „en passant", wie Ihr reales und geistiges Wachstum und Weiterkommen auf vielen Ebenen Ihres Seins vorankommt. Sie wissen jetzt, daß tiefliegende und Ihr jetziges Leben behindernde Wertesysteme oder Glaubenstraditionen geändert werden können, damit die darunter liegenden Fähigkeiten, Glaubenssysteme, Gegebenheiten sich modernisieren - ganz automatisch!

- Ihr Maß an Eigenständigkeit und Selbststeuerung hat sich ebenfalls vergrößert, und zwar so, daß Sie eventuell einen adäquaten mitmenschlichen Umgang vermissen könnten; nach dem Motto: »Auf dem Berg ist es verdammt einsam«. Vielleicht sind Sie zum Ego-Philanthrophen erwacht, wer weiß! Doch Sie wissen, daß wenn Sie eine gewisse Zeit der Selbststabilisierung und Selbsterkenntnis leben, Sie in der Lage sind, andere, Ihnen liebe Freunde intensiv zu unterstützen in deren Selbstorganisation und Selbstentdeckung. Bis dahin können viele Gedanken aus der Parabel der „Möwe Jonathan" von Richard Bach Perspektiven aufzeigen. Und Sie sind inzwischen weise genug um zu erkennen, daß jeder Mensch - auch Ihre engsten Verwandten oder Partner - ein Recht auf Eigenständigkeit und Eigenleben hat. Das bedeutet zum Beispiel auch, daß eine persönliche Bereicherung an Lebensqualität und Flexibilität nicht unbedingt auch von allen anderen Menschen in Ihrer Umgebung erstrebenswert ist oder bedeutsam sein muß, zumindest vielleicht noch nicht zu diesem Zeitpunkt oder in der Zusammengehörigkeit mit Ihnen. Und auch das gehört zum Loslassen: das Gefühl, nicht verantwortlich sein zu müssen für andere!

- Die eben geschilderten Beschreibungen gehen hin zum „kompetenten ICH", der oder die sich und die Lebensangebote voll und ganzheitlich auszukosten vermag unter Miteinbeziehung und Respektierung der mitmenschlichen und umweltlichen Umgebung.

**Ein multi-dimensionales Win-Win-Win auf allen Ebenen. Ist dies eine Illusion? Vielleicht das erste Mal seit sehr, sehr langer Zeit NICHT...!**

**Und jetzt freuen SIE SICH - mit allergrößter Hingabe - über SICH, für SICH und aus SICH heraus. Feiern SIE einen neuen, anderen Geburtstag... mit Blumen! SIE SIND AUF**

*IHRER*

*POWER LINE;*

**JETZT! und weiter MEHR...**

228

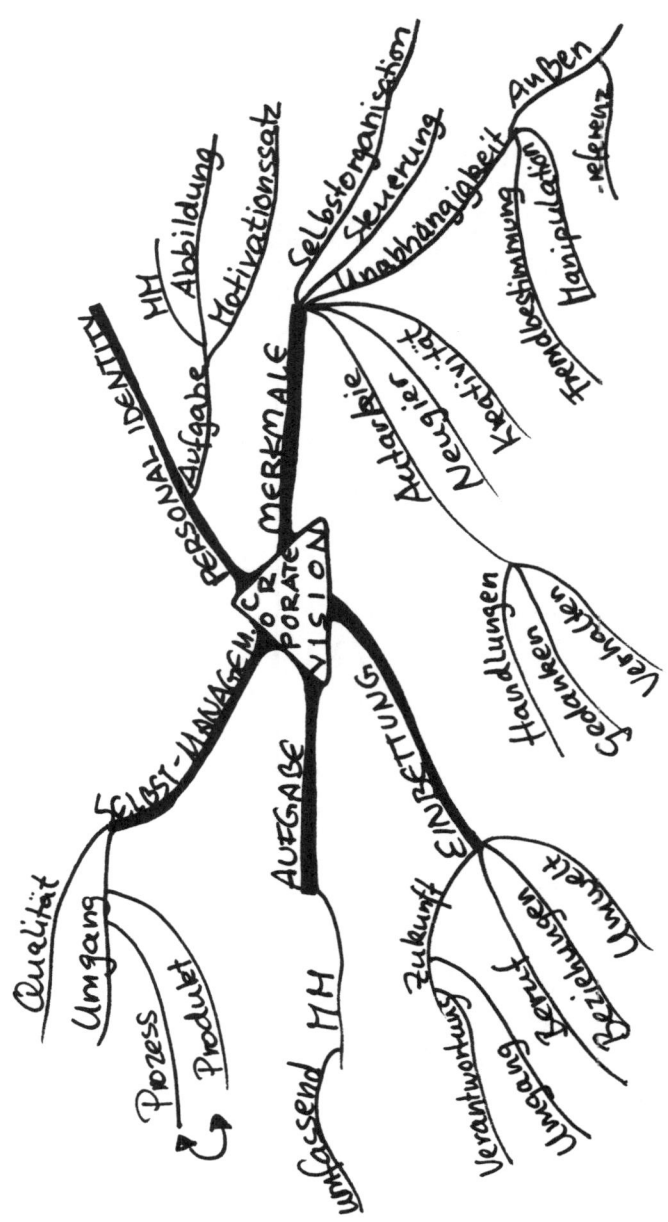

## IHR IDEEN-POOL

## Glossar

### 1. K-plus:

*K-plus:* bedeutet die Abkürzung für äußerst gute und angenehme körperliche Gefühle oder Stimmungen. Es steht für kinästhetisch positiv. Ein K-plus entsteht entweder durch äußere Ereignisse über die Sinne wahrgenommen oder mit Hilfe von inneren Vorstellungen, Erinnerungen oder Fantasien. K-plus ist der Zustand, den SIE beim Lesen und späteren Erleben des Power Line-Programmes erleben; SIE lernen, K-plus auch selbst zu erzeugen.

*Ressourcen:* Es sind Verhaltens-, Fähigkeiten- und auch Stärkequellen, die entweder unbewußt in Ihnen schlummern oder nur sporadisch genutzt werden zur Steigerung und Optimalisierung der situativen Erfordernisse. Hier werden die Ressourcen geweckt und vergrößert, die SIE in Richtung Selbst-Organisation, Handlungsautarkie oder überschäumende Lebensfreude und Neu-Gier unterstützen und stärken.

*Instanzen des Unterbewußtseins:* Die Erkenntnis liegt zugrunde, daß unsere bewußten und unbewußten Lebens- und Steuerprogramme aus vielen kleinen Teilinstanzen oder Kompetenzen bestehen. Je nach Erfordernis sind andere Instanzen tätig, die das gesamte Sein in allen Ausprägungen, Entscheidungen, Bedürfnissen und Reaktionen leiten. Die Instanzen werden sehr früh entwickelt, angelegt und oftmals unverändert das ganze Leben „durchgezogen". Es ist möglich, ungünstige umzuwandeln, bzw. durch zeitgemäße zu ersetzen oder zu modifizieren. In diesem Programm lernen Sie in dieser Hinsicht viel Neues über sich kennen und werden SELBST gestaltend Einfluß nehmen auf IHRE Kompetenzen/ Instanzen.

*Programme:* die Reaktionsschemata, mit denen Sie bewußt oder meist unbewußt auf Reize, Umstände und Ihre Umgebung reagieren. Von einem Programm wird dann gesprochen, wenn es zu einer Denk- und Reaktionsgewohnheit wurde. Programme können verändert, erweitert oder gelöscht werden.

*Referenzen:* die Art des Feedbacks, die gebraucht oder gesucht wird, als Maß oder Bezug für eigenes Verhalten. Entweder die Referenz wird, in Form von Bestätigung oder Kritik, in sich erlebt oder externe Quellen werden zur Bemessung dessen vorgezogen. Bei einer Außenreferenz liegt eine Abhängigkeit vom Urteil der Mitmenschen vor.

*Aufmerksamkeitsfilter:* Orientierung des eigenen Seins an den Reaktionen der Umwelt auf sich. Die Aufmerksamkeitsrichtschnur, für zum Beispiel Entscheidungsfindungen, wird in der Umgebung gesucht statt in sich.

*Mental:* innerlich, in Gedanken, in der Fantasie.

*Visuell:* alles, was mit den Augen wahrgenommen wird, bzw. innerlich gesehen wird - dann visuell intern. Es sind auch Bezeichnungen von Kriterien visueller Eigenschaften, wie: Formen, Farben, Dimensionen, Richtungen, Muster oder Mengen.

*Auditiv:* alle Wahrnehmungen das Ohr betreffend; innerlich hörbar oder äußerlich. Dazu gehören Kriterien des Hörens, wie: Geräusche, Töne, Rhythmen, Lautstärke oder Stille.

*Kinästhetisch:* Körperempfindungen betreffend oder Stimmungen und die Erinnerung an diese. Es gibt gute und schlechte Auswirkungen auf den jeweiligen inneren oder äußeren Zustand. Kriterien sind z.B. extern: Tastgefühle, Beschaffenheit von Materialien, Temperatur, Hautkontaktempfindungen, oder intern: Stimmungen und die Erinnerungen oder Fantasien an solche.

*Olfaktorisch:* das Riechen und Vernehmen von Gerüchen, Düften, Aromen oder Gestank, externer oder innerer Natur.

*Gustatorisch:* alles das, was geschmeckt oder geschmacklich wahrgenommen wird.

*Ankern:* Geschehnisse verknüpfen sich automatisch und meist unwillentlich mit wahrgenommenen Sinneswahrnehmungen. Im umgekehrten Fall kann ein bewußt herbeigeführter Anker/Stimulus ein bestimmtes Verhalten hervorrufen (Konditionierung). SIE lernen,

SICH SELBST Anker zu etablieren, um dann, bei Bedarf, diese (Power-)Anker SELBST auszulösen.

*Pro-Aktion:* die Aktivität, die SIE zielorientiert, gestärkt und mit allen Ihren Fähigkeiten und Kompetenzen vorwärtsbringt.

*Gefühls- und Power-Anker:* entsprechende Anker, die beste Gefühle oder Stärkezustände hervorbringen.

*Power Line* ©: IHRE Gegenwart und Zukunft mit den neuen Fähigkeiten der Unabhängigkeit, Selbst-Steuerung und Begeisterung in einem Prozeß der Entlastung, Befreiung von ungünstigen Körper- und Denkschlacken. Ihre Erfolgsrichtung: SELBST!

*Time Line* ™: die Sortierung von Zeit und Erlebnissen im Zeitgedächtnis. Die individuelle Anreihung erfolgt bei den meisten Menschen auf einer Linie, die in verschiedene Richtungen gehen kann.

## 2. K-plus:

*Inneres Auge:* wenn Sie (intern) visualisieren, sehen Sie mit Ihrem Inneren Auge die Szenarien, das Zukunftstraining oder SICH.

*Kreativer Teil:* die zuständige Instanz in Ihnen, von der SIE das kreative Verhalten „geschickt" bekommen. Zum besseren Überblick im Umgang mit den vielen internen Instanzen ist es sinnvoll und denkförderlich, diese Instanzen/ Kompetenzen zu personifizieren oder zu vergegenständlichen. Spätere, mentale Konferenzen oder Dialoge werden so realistischer geführt werden können.

*Visueller Mensch:* er oder sie nimmt die Welt vorzugsweise über die Augen wahr. Die Eindrücke werden nach visuellen Komponenten sortiert, erst dann folgen die anderen, wahrnehmbaren. So wird z.B. der Wert auf sehr visuelle Kleidung und Umgebung gelegt.

*Bildspeicherareal:* Der Teil des Gehirns, in dem das Denken und Erinnern in Bildern abläuft.

*Denktakt:* unterschiedliche Denkleistungen laufen in verschiedenen Denkgeschwindigkeiten ab. Die Geschwindigkeit wird als Denktakt gemessen.

*Ohrentypen:* diese Menschen sind von Ihrer Anlage her mehr dem Hörerleben zugeordnet. Ihre Sinneskanalpräferenz ist das Gehör.

*Innerer Dialog:* es ist auch das Innere Gespräch mit sich, der Innere Monolog, je nach Anredeform (du, ich) oder Inhalt.

*Glaubenssätze:* all die Überzeugungen, die lebensbegleitend verantwortlich sind für (Nicht-)Verhalten oder Lebensstil.

*Gehirnhemisphäre:* entweder die linke oder rechte Hirnhälfte der Großhirnrinde, in der das menschliche Denken, Speichern oder Erinnern stattfindet.

*Äste:* auf die Äste werden im Mind Mapping die Schlüsselwörter, Begriffe oder Symbole gesetzt, geschrieben oder gezeichnet. Die Äste sind immer miteinander verbunden (!), wobei die ersten an den sog. Zweigen anschließen. Dies ist angelehnt an das nach außen gerichtete Wachstum eines Baumes.

*Mind Mapping* ™: die Denktechnik, in der beide Gehirnhälften gewissermaßen gleich gefordert und benutzt werden. Die wenigen Regeln - graphische und gedankliche - sind dabei stets zu beachten. Wenn SIE so oft es geht mit Mind Maps arbeiten, wird sich IHR Denken präzisieren, strukturieren, aber zugleich auch voller Kreativität sein. Der weitere Vorteil: Ihr Erinnerungsvermögen nimmt gigantische Formen an! Mind Mapping™ ist eine (geschützte) Arbeitstechnik und das registrierte Warenzeichen von

*Tony Buzan:* engl. Forscher und Trainer, der vor ca. 20 Jahren das Mind Mapping entwickelte.

*V-Bereich:* allgemein die Bezeichnung für die Überlegungen, die sich im visuellen Denken abspielen, bzw. auf das das Augenmerk gelegt ist.

*A-Bereich:* entsprechend für den Bereich des Hörens.

_K:_ all die Empfindungen des körperlichen Wahrnehmens und der Stimmung.

_O:_ der Bereich des Riechens und der riechbaren Umwelt.

_G:_ die schmeckbare Umwelt und die Wahrnehmungsvorgänge, die über den Mund geschehen, seien sie real oder intern erinnert oder konstruiert.

_Frohsinns- und Glückshormone:_ dazu gehören die körpereigenen Steuerstoffe, die verantwortlich sind für Zustände in Begeisterung, Glück oder Ekstase. Eine Ausschüttung wird immer dann vom Gehirn/Körper vorgenommen, wenn SIE in einem solchen Befinden sind. Umgekehrt können bewußt herbeigeführte Stimmungen dieser Art eine Produktion dieser Stoffe bewirken, wobei dann automatisch Glück, Ekstase oder Begeisterung empfunden werden.

## 3. K-plus:

_K-Detail:_ eine winzige, kleine körperliche Empfindung, auf die Sie sich konzentrieren.

_Big Picture:_ die Betrachtung des Ganzen, das alles einschließt, wie VAKOG-Komponenten.

_Power-Gefühl:_ DAS Stärkegefühl, IHRE Kraftempfindungen, DER Energieschub oder DIE Begeisterung.

_Gechunkt, chunks:_ es sind Denkgrößen Ihres Denkens. Wenn Sie zu große „Sprünge" vornehmen, dann redet man von „big chunks", bzw. im anderen Fall von „small chunks". Sehr vage und abstrakte Anordnungen, Aussagen oder Gedanken sind hochgechunkt.

_NeuroMuster-Programme:_ alle Lebensmuster und -programme werden neuronal, d.h. in unseren Nervennetzen gespeichert und bilden Verhaltens- und Reaktionsschemata, die das gesamte Leben leiten und beeinflussen. Inhalt der NeuroMuster-Programmierung ist die Arbeit mit günstigen und ungünstigen Programmen, so mit Neu- oder Deprogrammierungen und Strategien.

*Arbeits-Teile:* die Instanzen in Ihnen, die IHNEN Unterstützung schicken in der täglichen Arbeit, sei es die Zuverlässigkeit, die Ausdauer, das Wissen oder die Koordinationsgabe.

*NeuroMuster:* sind diejenigen Muster, die im Nervensystem oder im Gehirn - in den Nervenzellen - gespeichert sind und zu Programmen oder wiederholten Prozeßabläufen führen, wie den Körperfunktionen, Denk- und Verhaltensregeln oder Reaktionen.

*Neuro Programme:* sind eingefahrene Strukturen, die willentlich oder unbewußt angelegt sind. Im Power Line-Programm legen SIE neue Programme, bzw. verändern alte, ungünstige oder IHREN Erfolg verhindernde.

*Weg-von-Etwas:* werden Sie etwas vermeiden, ihm ausweichen oder sich davor drücken. Sie sind in Ihrem Verhalten in einer Vermeidungshaltung. Ihre Konzentration liegt darauf, wie Sie es verhindern können und werden, sich z.B. mit einem Problem zu befassen oder um einem gewissen finanziellen Status zu entrinnen. Die Arbeits- oder Lebensfreude ist sehr oft getrübt durch das Gefühl, zu oft reagieren zu müssen und gezwungen zu handeln.

*Hin-zu-Etwas:* agieren SIE - pro-aktiv -, wenn SIE vom Grundverhalten her eine positive Einstellung zu einer Sache haben, diese erreichen wollen und über ausreichende Strategien zu ihrer Erfüllung verfügen. Ihre Motivation ist sehr hoch; meistens von IHNEN selbst erwirkt. IHR Richtungsverhalten beschert IHNEN viel Freude und Erfolgsgefühle, so daß SIE sich gerne und wiederholt der *„Hin-zu-Etwas"* -Erfahrung zuwenden, diese annehmen und durchführen.

#### 4. K-plus:

*Assoziationen:* sind Gebilde von Gedanken und deren Verknüpfungen miteinander, untereinander oder zueinander. Assoziationen werden aufgerufen durch Reiz- oder Schlüsselwörter. Im umgekehrten Fall lassen sich Zusammenhänge gedanklicher Art durch ein Schlüsselwort repräsentieren. Im Mind Mapping wird diese Tatsache

aktiv aufgegriffen, um schnell und effektiv auf komplexe Gedanken-
gruppen zurückzugreifen, bzw. um dieses mit einem Assoziations-
wort zu schließen.

*Richtungsprinzip:* sagt hier aus, welchen Anspruch Sie sich und der
Umwelt generell in Ihrem Verhalten oder Denken einräumen. Dabei
sind die polaren Richtungen des Gebens und des Nehmens definiert.
Steht das Nehmen, Halten oder Hüten im Vordergrund, dann fällt es
sehr schwer, von sich aus aktiv, nach außen offen oder frei zu
handeln. In einem solchem Fall erinnert sich das Neuro-System stets
daran und unterstützt das Lebensprogramm durch z.B. ein Speicher-
verhalten in Form von Körpergewicht, ewigen Denkschemata oder
einer körperlichen und geistigen Verharrung.

*Reframing:* das Umdeuten von Situationen oder Wörtern, indem die
ursprünglich erfahrenen oder erwarteten Folgen auf ein Verhalten
oder eine Situation in einem neuen Licht gesehen oder in einen
neuen Kontext gestellt werden, der oftmals absurd oder ungewöhn-
lich ist. Diese „Neuberahmung" des Inhaltes oder der Wörter - eines
Problems, einer Angelegenheit, eines Resultates oder anderes mehr -
führt zu einem anderen Verständnis der Angelegenheit, und es bietet
sich so eine Befreiung von ungünstigen, alten oder einengenden
Reaktionsabläufen an, was letztendlich zu einer Handlungswahler-
weiterung führt.

*NLP:* Neurolinguistisches Programmieren ist eine Kurzzeit-Thera-
pieform sowie ein dynamisches Kommunikationskonzept. NLP
untersucht, findet, kreiert oder verändert Verhalten und Strategien.
NLP wurde Mitte der siebziger Jahre von Richard Bandler und John
Grinder entwickelt.

*Geankert:* komplexe Erfahrungen realer oder erinnerter Art werden
durch Sinneseingaben geankert, in Form von VAKOG-Impulsen
oder einer Kombination aus diesen. Sie werden tagtäglich Anke-
rungen unterzogen (zum allergrößten Teil unbewußt) in Ihren Wahrnehmungen, Lebensprozessen oder Verhaltensausprägungen.
Wenn der Anker, auf den Ihre Erfahrung oder ein Erlebnis geankert

ist, zufällig oder willentlich aufgerufen wird, dann werden unwillkürlich all die Erlebnisse aufgerufen, die einst im Zusammenhang mit dem Ankern stattfanden; also Stimmungen und Sinneswahrnehmungen. SIE lernen hier, SICH selbst zu ankern (VAKOG), indem SIE in ausgewählten Situationen des Starkseins und des Erfolges entsprechende Anker- oder Sinnesutensilien gebrauchen, die dann, bei Bedarf, vorhanden sein werden oder von Ihnen an sich selbst ausgelöst werden können. Analog zum Mind Mapping: hier ist es ein Schlüsselwort, in dem Gedanken, Gefühle oder Daten zusammenlaufen, was einem Ankerpunkt gleichgesetzt werden kann.

*Konditionierung:* findet statt, wenn Sie auf Signale, Reize oder Anker unbewußt reagieren. Eine Konditionierung liegt vor, wenn Sie mit einem Verhaltensprogramm auf den Reiz reagieren.

*Selbst-Programmierung:* ist das, was SIE auf IHRER Power Line zu IHREM Vorteil erlernen und ausführen.

*Dopamin:* ist ein Neurotransmitter mit Wirkung auf IHRE Gefühlslage oder Motorik. Dopamin ist u.a. auch wichtig für das Lernen.

*Laissez-faire-Verhalten:* hier: das gelassen In-den-Tag-Leben, ohne Anteile einer pro-aktiven Ambition.

*VAKOG-Dinge:* Dinge, die von den Sinnesorganen sinnestypisch wahrgenommen werden.

*Neuronale Software:* die Gehirnprogramme in Form von alten oder neuen Verhaltens-, Reaktions- oder Handlungsmustern. „Strategiepakete" Ihrer Persönlichkeit, die entweder einmal angelegt, immer und unverändert gefahren werden, oder Strategielösungen, die stets auf neuesten Stand (Update) - von IHNEN SELBST oder externen Hilfen - gebracht werden.

*Inputkanäle:* werden auch die Sinnesorgane genannt, durch die umweltliche Inputs (Informationen) als Sinnesimpulse eingehen. Ohne Sinnesorgane gibt es keine weitere Möglichkeit der Inputs in Ihr Gehirn zu gelangen!

*Untenflächen-Arbeiten:* Arbeiten, bei denen Sie über längere Zeit Ihre Augen- oder Blickrichtung nach unten gewandt halten (müssen).

## 6. K-plus:

*kognitiv:* hier: bewußt und auf rationalen Erkenntnissen beruhend.

*Power-Spot:* der Ort - real oder mental -, an dem SIE IHRE Stärke, Freude und positive Energie finden und holen.

*Dissoziieren:* aus sich mental herausbewegen oder herausnehmen und dabei die körperlichen Empfindungen und Stimmungen zurücklassen im körperlichen Körper. SIE nehmen immer dann eine Dissoziation vor, wenn SIE sich z.b. in Streßsituationen nicht involvieren lassen mögen. SIE schauen sich quasi „von außen" zu und behalten so eine ungetrübte Handlungswahl. Es wird auch so sein, daß Sie im Tagträumen - körperlich an Ihrem Platz seiend - dort in jener Szenerie sind, dort mit IHREN Sinnen wahrnehmen und dort agieren.

*Gehirnhemisphäre:* auch Hirnhälfte.

## 7. K-plus:

*Power-Anker:* durch ihn erleben SIE das Gefühl der Stärke, der Selbstsicherheit und der Pro-Aktivität. SIE installierten ihn in einem jenen Augenblick und können ihn auslösen, um in einen solchen Zustand gefühlsmäßig zu gelangen.

## 8. K-plus:

*Minds:* die vielen untergeordneten Instanzen, Kompetenzen Ihres Verhaltens oder Ihrer Persönlichkeit.

*LerntypenVAK:* je nach Sinnbevorzugung lernen Sie durch jene(n) Sinn. Im günstigsten Fall erweitern SIE Ihr Lernrepertoire durch die

Fähigkeit, mit allen Sinnen vollsinnig aufzunehmen und zu lernen. Automatisch steigen damit die Merkfähigkeit und Reaktionsschnelle mit an.

### 9. K-plus:

*Operationalisiert:* hier: in kleine Teilabschnitte zerlegt zur Analyse des Gesamtvorganges.

*Divergenz:* hier: nach Außen gerichtet sein, vom Zentrum aus sich wegbewegend.

*Konvergenz:* hier: eine Richtung oder ein Denkverhalten mit Innengerichtetheit; sich verschließend.

### 10. K-plus:

*Kybernetische Beziehung:* Gefühl oder Stimmung bedingen den körperlichen Zustand und das Denk-Handeln. Umgekehrt bewirkt ein bestimmtes Denk-Handeln die körperliche und emotionale Befindlichkeit. Die Komponenten sind in einem Verbund zueinander und bedingen sich.

*Kybernetische Rückkopplung:* Die Regelabhängigkeit und Auslösung selbstgesteuerter Mechanismen und des Verhaltens innerhalb der Systeme Gehirn, Körper, Denken und Aktion.

*Geht-doch-nicht-Filter:* Ihr Glauben oder die bestimmte Auffassung dessen, geprägt aus eigener Erfahrung oder übernommen aus Kultur und Tradition, daß etwas nicht gehen darf oder nicht gehen wird. Dieser Filter verlockt dazu, diese Annahme hinzunehmen und nicht durch Neuverhalten zu ersetzen.

*Peeling:* ein Körperpflegeprodukt in flüssiger oder cremiger Konsistenz, das z.B. feine Sandteilchen enthält, die, wenn man die Peeling-Masse auf den duschfeuchten Körper aufträgt und sich kräftig einrubbelt, die abgestorbenen, oberen Hautzellen ablöst. SIE erhalten neben einer guten Kreislaufanregung dadurch auch eine sinnesoffene Hautoberfläche.

*Power State:* IHR tollster Zustand im Erfolgsgefühl!

*Action Painting:* eine Kunstform - entwickelt von Jackson Pollock - aus den USA, in der großzügig mit Flüssigfarbe Spuren getröpfelt oder dynamisch geworfen werden.

## 11. K-plus:

*Trigger:* Auslöser, Reiz.

*Außenreferenz:* die Abhängigkeit oder Zugewandtheit von, bzw. zu externen Beurteilungsinstanzen oder Animationen.

*Strategien:* hier: eine Abfolge von meist unbewußten Verhaltensmustern zur Erzielung von Wünschen.

*Referenz:* ein Bezug auf eine Sache oder Person, bzw. auf sich.

*Selbst-Styling:* die edle ART der Selbststeuerung, der Selbstentwicklung und der SELBST initiierten Persönlichkeitserweiterung, bzw. eines -ausbaus.

## 12. K-plus:

*Visualisieren:* sich innerlich (mental) vorstellen.

*Denkfrequenz:* hier: die Schnelligkeit Ihres Denkens.

## 13. K-plus:

*Assoziieren:* voll und ganz in sich seiend. SIE sind in Momenten des Power-States total assoziiert und erleben die Gefühls- und Erlebensfülle in aller Intensität! In Zeiten der völligen Hingabe - sei es privat oder beruflich - sind SIE assoziiert in SICH, mit SICH und zu SICH. Deshalb ist es wichtig, wenn SIE von einer Sache völlig überzeugt sind, auch die Sache zu sein! Sie versetzen sich hinein, Sie stehen „drin" oder befinden sich in Ihrer Haut.

*Angetriggert:* gereizt, angestoßen, animiert.

*Separator State:* ein bewußtes Unterbrechen von emotionalen Zuständen. SIE erreichen so, daß SIE eine Stimmung in der betreffenden Situation lassen und sich selbst-kontrolliert nicht von negativen oder positiven Empfindungen leiten lassen.

*Rapport:* die Einstimmung auf eine Rolle.

*Deprogrammierung:* das Auflösen von Verhaltensmustern oder Programmen durch gezieltes Vorgehen. SIE nehmen SELBST Deprogrammierungen vor und ersetzen altes Verhalten durch Variantenvielfalt.

## 14. K-plus:

*unspezifisch:* nicht konkret und vage.

## 15. K-plus:

*Autopoiesis:* hier: SIE schöpfen SICH IHRE Realität aus SICH SELBST, bzw. steuern sich dabei.

*Quantensprung:* hier: das Erreichen einer neuen Bewußtheits- und Handlungsebene.

*Paradigmenwechsel:* hier: SIE nutzen neue Ideen, Strategien und Möglichkeiten, wobei SIE alte und eingefahrene Muster aufgaben, sich ihrer entledigten.

*Verhaltenskybernetik:* IHR frühzeitiger Selbststeuerungsprozeß durch IHR bewußtes und weises Abwägen von möglichen Folgen und Ergebnissen.

**Weitergehende Literatur- und Hör-Empfehlungen:**

## 1.K-plus:

James, T.: Woodsmall, W.: Time Line, Junfermann
Verlag, Paderborn, 1991

James, T.: Time Coaching, Junfermann Verlag, Paderborn, 1992

Beyer, M.: Trainingskassette Relax-Timeline Entspannung und Einschlafen, PepperMind Records, Kiel

Bandler, R.: Neurosonics, 6 Kassetten

## 2.K-plus:

Beyer, M.; Marwitz, K.: Einführung in die Strategien des
ganzheitlichen Lehrens und Lernens, Workshop-
Bericht BIGA, Lyss, 1991

Buzan, T.: Kopftraining, Wilhelm Goldmann Verlag,
München, 1984

Kirckhoff, M.: Mind Mapping, Synchron Verlag, Berlin,
1988

MacLaine, S.: Die Reise nach Innen, Wilhelm Goldmann Verlag, München, 1991

Ornstein, R.: Multimind, Junfermann Verlag, Paderborn,
1989

## 3.K-plus:

Bierbaum, G.; Marwitz, K.; May, H.: Happy Selling,
Junfermann Verlag, Paderborn, 1990

Beyer, M.; Marwitz, K.: Unterrichts-Design, Workshop-
Bericht BIGA, Lyss, 1990

Watzlawick, P.: Die Möglichkeit des Anderssein, Verlag Hans Huber, Bern, 1986

## 4.K-plus:

Bandler, R.: Veränderung des subjektiven Erlebens, Junfermann Verlag, Paderborn, 1987
Bandler, R.; Grinder, J.: Reframing, Junfermann Verlag, Paderborn, 1985

## 5.K-plus:

Schröder, B.: Kassettentraining Awaken 2 und 3, Meistersinger Records, Forchheim, 1987
Bayer, G.: Kassettentraining, Fantasiereisen 1 und 2, DeHypno-Verlag München

## 6.K-plus:

Gawain, S.: Stell dir vor, Rowohlt Taschenbuch Verlag, Reinbek, 1987
Houston, J.: Der mögliche Mensch, Rowohlt Taschenbuch Verlag, Reinbek, 1987

## 7.K-plus:

Diamond, H.; Diamond, M.: Fit für's Leben, Waldthausen Verlag, Ritterhude, 1989

## 8.K-plus:

Minsky, M.: Mentopolis, Klett Cotta, Stuttgart, 1990

## 9.K-plus:

Hötscher-Rosenbauer, W.; Vendramini-Nguyen, I.: Die Kunst zu sehen, Zweitausendeins, Frankfurt/Main, 1986

Selby, J.: Die Augen, Rowohlt Taschenbuch Verlag, Reinbek, 1987

Goodrich, J.: Natürlich besser sehen, Verlag für Angewandte Kinesiologie, Freiburg, 1986

## 10. K-plus:

Ostrander, S.; Schröder, L.: Superlearning, Wilhelm Goldmann Verlag, München, 1985

Bandler, R.; Grinder, J.: Neue Wege der Kurzzeit-Therapie, Junfermann Verlag, Paderborn, 1981

Schröder, B.: Kassettentraining: Awaken 1, Meistersinger Rekords, Forchheim, 1987

## 11.K-plus:

Beyer, M.; Marwitz, K.: Training der Strategien des ganzheitlichen Lehrens und Lernens, Workshop-Bericht BIGA, Lyss, 1991

## 12.K-plus:

O´Connor,J.; Seymour, J.: Introducing Neuro-Linguistic Programming, Mandala, London, 1990

Bandler, R.; Grinder, J.: Reframing, Junfermann Verlag, Paderborn, 1986

Marwitz, K.: NLP-Entspannungen 1 und 2, idyll records, Kiel, 1989

245

13.K-plus:
Dilts, R. Epstein, T.; Dilts, W.: Tools for Dreamers, Meta
  Publications, Cupertino, 1991

14.K-plus:
Popcorn, F.: Der Popcorn Report, Heyne Verlag,
  München, 1992

15.K-plus:
Bach, R.: Die Möwe Jonathan, Ullstein Verlag, Frank-
  furt/Main 1972
Gerken, G.: Radar für Trends, Muditas GmbH, Worps-
  wede

# Zwischenstop

## auf Ihrer

# Power Line

Sie werden schnell bemerkt haben, daß sich durch dieses Buch eine sonderbare und harmonisch-chaotische Gliederung zieht. Sie wurden in vielen Detailvorgängen mit Übungen bekannt gemacht, die Sie beim ersten Lesen auch gerne befolgten, ohne auch nur ein K-plus zu überspringen.

Sie konnten sogar das Buch in einem Rutsch lesen, um sich einen Überblick zu verschaffen oder um ein gezieltes Augenmerk auf die Text- und Wortkunst zu legen. Ja, das Power Line-Programm ist auch dazu da, von Ihnen als ein Trainingswerk für Sinnessprache und Textdramaturgie verwendet zu werden. Untersuchen Sie bitte irgendwann einmal die Struktur des Ablaufes, die Strategien oder die sprachliche Ausschmückung. Sie werden viele Vorgehensschleifen oder Nester, d.h. implantierte Treppengeschichten erkennen, die zu späterer Zeit aufgegriffen und erläutert werden. Also von einfacher linearer Folge keine Spur!! Ganzhirnig, holographisch, real, mental, logisch, vielzeitig und typengerecht: so verstehe ich die Wirksamkeit der **Power Line**.

- Die Richtung der Sinneskriterien ist: VAKOGID-GOKAV. Ich biete IHNEN in IHRER Selbstlernmotivation an, zu der entsprechenden Zeit und an der rechten Stelle selbst zu entdecken, was damit gemeint ist und welche Auswirkungen auf Sie und Ihre „Power-Biologie" damit verbunden sind.

- Es waren SIE angesprochen, die oder der es vorzieht, in Details sofort zu beginnen, gleichermaßen wie Sie, wenn Sie es lieben, erst den Zusammenhang zu kennen, um dann undogmatisch und mit unregelmäßigem Zeitplan mitzuarbeiten.

- Die erste Zeitebene, die Sie kennenlernten, war die Vergangenheit, mit ständigen kleinen Bezügen zur Gegenwart oder Zukunft. Später verzahnte sich diese mit der Gegenwart. Und nachdem SIE durch viele mentale und reale Aufgaben-Glanzleistungen sehr kompetent geworden sind in Hinblick auf Eigenmotivation, Selbststeuerung und Power-Fitness, da erleben Sie den Aspekt der Zukunft etwas theoretischer, kognitiver, aber auch mit Rückgriffen auf Vergangenheit und Gegenwart.

- Ist der Anfang des Programmes gekennzeichnet durch viel praktisches Mitmachen, so übernahmen SIE im letzten Teil die Rolle der kundigen Power-Frau... oder des wissenden Power-Mannes..., was immer Sie - JETZT - darunter verstehen.

Einiges kann ICH Ihnen mit Bestimmtheit versichern: SIE sind reich an Schwung, Eigenständigkeit, Unabhängigkeit, reich an strukturiertem Wissen und einem besseren Gedächtnis. Reich an Handlungsautarkie und Sinnlichkeit..., aber ärmer an: Körpergewicht und Schlacken, ärmer an Ballast jedwelcher Art, sei es an Verhaltensprogrammen, ungünstigen Umfeldbedingungen oder Uraltdingen, die für jetzt, IHRE NEUE Zeit, keine Relevanz haben. Sie sind vielleicht ärmer an Massen/Quantitäten der realen Welt, aber reicher an Kapazitäten für mentale und Innere Welten oder Qualitäten. Sie haben Vergnügen an feinen, reduzierten und exquisiten Erlebnissen oder Aktionen. Sie sind zukunftsfähiger und haben ein ungestümes Verlangen und eine neue Neu-Gier für sich und die übrige Welt.

Jaahhh!!!, und das alles ist geschehen, weil Sie sich einst versichert haben, daß Sie dieses hier - und darüber hinausgehende Bereiche - SELBST - erobern und weiter erlernen werden.

ICH erlebte mich nicht als IHRE allwissende Mentorin, die für IHR Lernen sorgt! Wirksames Lernen ist das, das peripher geschieht: mit dem Gefühl am Ende, daß so eigentlich gar nicht viel Neues stattfand und daß SIE ganz nebenbei bemerken, wie verändert oder erweitert SIE sind oder gar, daß es alles leicht ist.

Aus dieser Hochachtung heraus - für Sie - habe ich eine Textdarstellung gewählt, die frei ist von Bildern oder Graphiken. Ich wollte Sie nicht in Ihrem Bilderdenken beeinflussen oder Ihnen meine Bildvorstellungen aufsetzen. Es ist IHRE Power Line, die Sie - nur mit meiner Zurückhaltung dabei - gestalten. So war es bereits das erste Angebot des Freiseins von Außenimpulsen. Es waren immer IHRE Fantasien, die SIE anregen - anfangs durch mich.

Im Verlauf der Zeit wurden Sie auf einige Literaturquellen verwiesen, die sehr ausführlich das Programm ergänzten, entweder direkt oder durch teilweise auch widersprüchliche Inhalte. Und auch das gehört zur Power Line: eine gewollte Polarität, die eine unheimliche Spannung erzeugt, und deren Spannungsfeld in einer außerordentlich weitgefächerten Mitte liegt!

## VIEL SPASS ...
## Weiterhin!

Kiel, der 25. Februar 1992

• Maria Beyer • MB-Seminare • MIND & BRAIN STYLE •
• Fichtestraße 21 • W-2300 KIEL 1• Tel.: (++49) 0431-83301 •
• FAX: 83334 •

# MIND & BRAIN
# STYLE

**Power Line**© ist ein wesentlicher Teil desTrainingsangebotes des Mind & Brain Style. Power Lining setzt sich zusammen aus weiterentwickelten Techniken, Erkenntnissen oder Anwendungen des Mind Mapping ™, NLP™ und NMP™; ferner wird es unterstützt durch Elemente des Superlearnings und des Mentalen Trainings.

Seit Anfang 1986 setze ich diese Methoden, Denkhaltungen oder Techniken vernetzt in meinen Seminaren ein, wobei es meinem Narturell nahe kommt, vorgefundene Richtungen voller Tatendrang und Experimentierfreude zu erweitern, zu kombinieren oder neu zu entdecken. Ich kultiviere dabei den Kontakt zu den Begründern wie Tony Buzan, Vanda North, Richard Bandler, John und Micheal Grinder, Robert Dilts oder meinem Entdecker und Partner Klaus Marwitz. Sei es, um mich selbst ständig in große Lernbereitschaft zu stürzen, bzw. um auch meine selbständige Einbindung in diesen Mind and Brain-Modellen sicherzustellen.

Sie als Teilnehmer/In , Leser/In und ich selbst sind mir zudem so wertvoll und anspruchsvoll, so daß ich die in meinen Seminaren angebotenen Konzepte stets mit aktuellen Modifizierungen anbiete und weitergebe. Das vorliegende Buch ist eine Essenz all dessen.

# Das Seminarangebot der
# MB-Seminare* beinhaltet:

*Power Line • Relaxseminare • Mind & Brain Care • Sprachkurse auf der Basis Superlearning • SinnCentives • Seminar-Design • AEOLUS-Seminare für Studien- und Lernmanagement • Training der Sinnesintellligenz • NLP™ für spezielle Berufs-gruppen • Pace Ware &Lead Ware© • BrainTrain & MindMap© • Mentales Training • Rhetorik • Das Kybernetische Hotellerie-Training • Kreativitäts- und Motivationsseminare • Der erfolgreiche und phantasievolle Widder • Konferenz-Technik • Brain the Trainer • Führungstechniken für Frauen • Ganzheitli-ches Lehrertraining • Leitbild-Creation • Ambiente Beratung • Team-Findung • Der kybernetische Führungsstil • Topness, und, was sehr bedeutsam ist:*

*Coaching der erfrischenden ART!*

---

\*MB-Seminare • MIND & BRAIN STYLE und Maria Beyer sind Mitglied der Society of Neuro-Linguistic Programming™ und autorisiert, NLP™ in Seminaren zu trainieren und weiterzugeben. Zudem besteht die Berechti-gung, Mind Mapping™ in dem von Tony Buzan konzipierten Modell zu trainieren.

MB-Seminare • MIND & BRAIN STYLE
Maria Beyer, Fichtestraße 21
W-2300 Kiel 1
Tel.: 0431-83301, Fax: 83334

VISUELL
- Klar
- blau
- warm
- hell
- Himmel
- Strand
- Wasser
- türkis
- bunt
- Natur

AUDITIV
- Vögel
- Wind
- Wellen
- Palmen
- Wasserfall
- rascheln

KINÄSTHETISCH
- Gefühl
- frei
- wunderbar
- Temperatur
- tropisch
- liegen
- Sand
- baden
- Frieden
- whau!!!

OLFAKTORISCH
- Parfum
- Luft
- aromatisch
- Pflanzen
- Meer
- würzig
- Früchte

GUSTATORISCH
- Natur
- Wasser
- Quelle
- Früchte